SCÈNES

DE LA

VIE ORIENTALE

II

LES FEMMES DU LIBAN

LAGNY. — Imprimerie de VIALAT et Cie.

SCÈNES
DE LA VIE
ORIENTALE

PAR

Gérard de Nerval

II

LES FEMMES DU LIBAN

PARIS

HIPPOLYTE SOUVERAIN, ÉDITEUR

RUE DES BEAUX-ARTS, 5

1850

UN PRINCE DU LIBAN.

I. — LE KIEF.

Beyrouth, à ne considérer que l'espace compris dans ses remparts et sa population intérieure, répondrait mal à l'idée que s'en fait l'Europe, qui reconnaît en elle la capitale du Liban. Il faut tenir compte aussi des milliers de maisons entourées de jardins qui occupent le vaste amphithéâtre dont ce port est le centre, troupeau dispersé que surveille une haute construction carrée, garnie de sentinelles turques, et qu'on appelle la tour de Fakardin. Je demeurais dans une de ces maisons, éparses sur la côte comme les bastides qui entourent Marseille, et, prêt à partir pour visiter la montagne, je n'avais que le temps de me rendre à Beyrouth pour trouver un cheval, un mulet, ou même un chameau. J'aurais encore accepté un de ces beaux ânes à la haute encolure, au pelage zébré, qu'on préfère aux chevaux en Egypte, et qui galopent dans la poussière avec une ardeur infatigable; mais en Syrie cet animal n'est pas assez robuste pour gravir les chemins pierreux du Liban, et pourtant sa race ne devrait-elle être bénie entre toutes pour avoir servi de monture au prophète Balaam et au Messie?

Je réfléchissais là-dessus en me rendant pédestrement à Beyrouth vers ce moment de la journée où, selon l'expression des Italiens, on ne voit guère vaguer en plein soleil que *gli cani e gli Francesi*. Or, ce dicton m'a toujours paru faux à l'égard des chiens, qui, aux heures de la sieste, savent très-bien s'étendre lâchement à l'ombre et ne sont guère pressés de gagner des coups de soleil. Quant au Français, tâchez donc de le retenir sur un divan ou sur une natte, pour peu surtout qu'il ait en tête une affaire, un désir, ou même une simple curiosité! Le démon de midi lui pèse rarement sur la poitrine, et ce n'est pas pour lui que l'informe Smarra roule ses prunelles jaunâtres dans sa grosse tête de nain.

Je traversais donc la plaine à cette heure du jour que les méridionaux consacrent à la sieste, et les Turcs au *kief*. Un homme qui erre ainsi, quand tout le monde dort, court grand risque en Orient d'exciter les soupçons qu'on aurait chez nous d'un vagabond nocturne; pourtant les sentinelles de la tour de Fakardin n'eurent pour moi que cette attention compatissante que le soldat qui veille accorde au passant attardé. A partir de cette tour, une plaine assez vaste permet d'embrasser d'un coup-d'œil tout le profil oriental de la ville, dont l'enceinte et les tours crénelées se développent jusqu'à la mer. C'est encore la physionomie d'une ville arabe de l'époque des croisades; seulement l'influence européenne se trahit par les mâts nombreux des maisons consulaires, qui, le dimanche et les jours de fête, se pavoisent de drapeaux.

Quant à la domination turque, elle a, comme partout, appliqué là son cachet provisoire et bizarre. Le pacha a eu l'idée de faire démolir une portion des murs de la ville où s'adosse le vieux palais de Fakardin, pour y construire un de ces kiosques en bois peint à la mode de Constantinople, que les Turcs préfèrent aux plus somptueux palais de pierre ou de marbre. Veut-on savoir d'ailleurs pourquoi les Turcs n'habitent que des maisons de bois? pourquoi les palais même du sultan, bien qu'ornés de colonnes de marbre, n'ont que des murailles de sapin? C'est que, d'après un préjugé particulier à la race d'Othman, la maison qu'un Turc se fait bâtir ne doit pas durer plus que lui-même; c'est une tente dressée sur un lieu de passage, un abri momentané, où l'homme ne doit pas tenter de lutter contre le destin en éternisant sa trace, en essayant ce difficile hymen de la terre et de la famille où tendent les peuples chrétiens.

Le palais forme un angle en retour duquel s'ouvre la porte de la ville, avec son passage obscur et frais où l'on se refait un peu de l'ardeur du soleil réverbéré par le sable de la plaine qu'on vient de traverser. Une belle fontaine de pierre ombragée par un sycomore magnifique, les dômes gris d'une mosquée et ses minarets gracieux, une maison de bains toute neuve et de construction moresque, voilà ce qui s'offre aux regards en entrant dans Beyrouth, comme la promesse d'un séjour paisible et riant. Plus loin, cependant, les murailles s'élèvent et prennent une physionomie sombre et claustrale.

Mais pourquoi ne pas entrer au bain pendant ces heures de chaleur intense et morne que je passerais tristement à parcourir les rues désertes? J'y pensais, quand l'aspect d'un rideau bleu tendu devant la porte m'apprit que c'était l'heure où l'on ne recevait dans le bain que des femmes. Les hommes n'ont pour eux que le matin et le soir..... et malheur sans doute à qui *s'oublierait* sous une estrade ou sous un matelas à l'heure où un sexe succède à l'autre! Franchement, un Européen seul serait capable d'une telle idée, qui confondrait l'esprit d'un musulman.

Je n'étais jamais entré dans Beyrouth à cette heure indue, et je m'y trouvais comme cet homme des *Mille et une Nuits* pénétrant dans une ville des mages dont le peuple est changé en pierre. Tout dormait encore profondément; les sentinelles sous la porte, sur la place les âniers qui attendaient les dames, endormies aussi probablement dans les hautes galeries du bain; les marchands de dattes et de pastèques établis près de la fontaine, le *cafedji* dans sa boutique avec tous ses consommateurs, le *hamal* ou portefaix la tête appuyée sur son fardeau, le chamelier près de sa bête accroupie, et de grands diables d'Albanais formant corps-de-garde devant le sérail du pacha : tout cela dormait du sommeil de l'innocence, laissant la ville à l'abandon.

C'est à une heure pareille et pendant un sommeil semblable que trois cents Druses s'emparèrent un jour de Damas. Il leur avait suffi d'entrer séparément, de se mêler à la foule des campagnards qui le matin remplit les bazars et les places, puis ils avaient feint de s'endormir comme les autres ; mais leurs groupes, habilement distribués, s'emparèrent dans le même instant des principaux postes, pendant que la troupe principale pillait les riches bazars et y mettait le feu. Les habitants, réveillés en sursaut, croyaient avoir affaire à une armée et se barricadaient dans leurs maisons ; les soldats en faisaient autant dans leurs casernes, si bien qu'au bout d'une heure les trois cents cavaliers regagnaient, chargés de butin, leurs retraites inattaquables du Liban.

Voilà ce qu'une ville risque à dormir en plein jour. Cependant à Beyrouth la colonie européenne ne se livre pas tout entière aux douceurs de la sieste. En marchant vers la droite, je distinguai bientôt un certain mouvement dans une rue ouverte sur la place ; une odeur pénétrante de friture révélait le voisinage d'une *trattoria,* et l'enseigne du célèbre Battista ne tarda pas à attirer mes yeux. Je connaissais trop les hôtels destinés, en Orient, aux voyageurs d'Europe pour avoir songé un instant à profiter de l'hospitalité du seigneur Battista, l'unique aubergiste franc de Beyrouth. Les Anglais ont gâté partout ces établissements, plus modestes d'ordinaire dans leur tenue que dans leurs prix. Je pensai dans ce moment-là qu'il n'y aurait pas d'inconvénient à profiter de la table d'hôte, si l'on m'y voulait bien admettre. A tout hasard, je montai.

II. — LA TABLE D'HÔTE.

Au premier étage, je me vis sur une terrasse encaissée dans les bâtiments et dominée par les fenêtres intérieures. Un vaste *tendido* blanc et rouge protégeait une longue table servie à l'européenne, et dont presque toutes les chaises étaient renversées, pour marquer des places encore inoccupées. Sur la porte d'un cabinet situé au fond et de plain pied avec la terrasse, je lus ces mots :

« *Qui si paga* 60 *piastres per giorno.* (Ici l'on paie 60 piastres par jour.) »

Quelques Anglais fumaient des cigares dans cette salle en attendant le coup de cloche. Bientôt deux femmes descendirent, et l'on se mit à table. Auprès de moi se trouvait un Anglais d'apparence grave, qui se faisait servir par un jeune homme à figure cuivrée portant un costume de basin blanc et des boucles d'oreilles d'argent. Je pensai que c'était quelque nabab qui avait à son service un Indien. Ce personnage ne tarda pas à m'adresser la parole, ce qui me surprit un peu, les Anglais ne parlant jamais qu'aux gens qui leur ont été présentés; mais celui-ci était dans une position particulière : c'était un missionnaire de la société évangélique de Londres, chargé de faire en tout pays des conversions anglicanes, et forcé de dépouiller le *cant* en mainte occasion pour attirer les ames dans ses filets. Il arrivait justement de la montagne, et je fus charmé de pouvoir tirer de lui quelques renseignements avant d'y pénétrer moi-même. Je lui demandai des nouvelles de l'alerte qui venait d'émouvoir les environs de Beyrouth.

— Ce n'est rien, me dit-il, l'affaire est manquée.
— Quelle affaire ?
— Cette lutte des Maronites et des Druses dans les villages mixtes.

— Vous venez donc, lui dis-je, du pays où l'on se battait ces jours-ci ?

— Oh! oui, je suis allé pacifier... pacifier tout dans le canton de Bekfaya, parce que l'Angleterre a beaucoup d'amis dans la montagne.

— Ce sont les Druses qui sont les amis de l'Angleterre ?

— Oh! oui. Ces pauvres gens sont bien malheureux ; on les tue, on les brûle, on éventre leurs femmes, on détruit leurs arbres, leurs moissons.

— Pardon ; mais nous nous figurons en France que ce sont eux au contraire qui oppriment les chrétiens !

— Oh Dieu! non, les pauvres gens! Ce sont de malheureux cultivateurs, qui ne pensent à rien de mal ; mais vous avez vos capucins, vos jésuites, vos lazaristes, qui allument la guerre, qui excitent contre eux les Maronites, beaucoup plus nombreux ; les Druses se défendent comme ils peuvent, et, sans l'Angleterre, ils seraient déjà écrasés. L'Angleterre est toujours pour le plus faible, pour celui qui souffre...

— Oui, dis-je, c'est une grande nation... Ainsi, vous êtes parvenu à *pacifier* les troubles qui ont eu lieu ces jours-ci ?

— Oh! certainement. Nous étions là plusieurs Anglais ; nous avons dit aux Druses que l'Angleterre ne les abandonnerait pas, qu'on leur ferait rendre justice. Ils ont mis le feu au village, et puis ils sont revenus chez eux tranquillement. Ils ont accepté plus de trois cents Bibles, et nous avons converti beaucoup de ces braves gens!

— Je ne comprends pas, fis-je observer au révérend, comment on peut se convertir à la foi anglicane, car enfin, pour cela, il faudrait devenir Anglais?

— Oh! non... Vous appartenez à la société évangélique, vous êtes protégé par l'Angleterre ; quant à devenir Anglais, vous ne pouvez pas !

— Et quel est le chef de la religion ?

— Oh! c'est sa gracieuse majesté, c'est notre reine d'Angleterre.

— Mais c'est une charmante papesse, et je vous jure qu'il y aurait de quoi me décider moi-même...

— Oh! vous autres Français, vous plaisantez toujours... vous n'êtes pas de bons amis de l'Angleterre.

— Cependant, dis-je en me rappelant tout-à-coup un épisode de ma première jeunesse, il y a eu un de vos missionnaires qui, à Paris, avait entrepris de me convertir ; j'ai conservé même la Bible qu'il m'a donnée, mais j'en suis encore à comprendre comment on peut faire d'un Français un anglican.

— Pourtant il y en a beaucoup parmi vous... et si vous avez reçu, étant enfant, la parole de vérité, alors elle pourra bien mûrir en vous plus tard.

Je n'essayai pas de détromper le révérend, car on devient fort tolérant en voyage, surtout lorsqu'on n'est guidé que par la curiosité et le désir d'observer les mœurs ; mais je compris que la circonstance d'avoir connu autrefois un missionnaire anglais me donnait quelques titres à la confiance de mon voisin de table.

Les deux dames anglaises que j'avais remarquées se trouvaient placées à gauche de mon révérend, et j'appris bientôt que l'une était sa femme, et l'autre sa belle-sœur. Un missionnaire anglais ne voyage jamais sans sa famille. Celui-ci paraissait mener grand train et occupait l'appartement principal de l'hôtel. Quand nous nous fûmes levés de table, il entra chez lui un instant, et revint bientôt tenant une sorte d'album qu'il me fit voir avec triomphe. « Tenez, me dit-il, voici le détail des abjurations que j'ai obtenues dans ma dernière tournée en faveur de notre sainte religion. »

Une foule de déclarations, de signatures et de cachets arabes couvraient en effet les pages du livre. Je remarquai que ce registre était tenu en partie double ; chaque verso donnait la liste des présents et sommes reçus par les néophytes anglicans. Quelques-uns n'avaient reçu qu'un fusil, un cachemire, ou des parures pour leurs femmes. Je demandai au révérend si la société évangélique lui donnait une prime par chaque conversion. Il ne fit aucune difficulté de me l'avouer ; il lui semblait naturel, ainsi qu'à moi du reste, que des voyages coûteux et pleins de dangers fussent largement rétribués. Je compris encore, dans les détails qu'il ajouta, quelle supériorité la richesse des agents anglais leur donne en Orient sur ceux des autres nations.

Nous avions pris place sur un divan dans le cabinet de conversation, et le domestique bronzé du révérend s'était agenouillé devant lui pour allumer son narguilé. Je demandai si ce jeune homme n'était pas un Indien ; mais c'était un Parsis des environs de Bagdad, une des plus éclatantes conversions du révérend, qu'il ramenait en Angleterre comme échantillon de ses travaux.

En attendant, le Parsis lui servait de domestique autant que de disciple; il brossait sans doute ses habits avec ferveur et vernissait ses bottes avec componction. Je le plaignais un peu en moi-même d'avoir abandonné le culte d'Oromaze pour le modeste emploi de jockey évangélique. J'espérais être présenté aux dames, qui s'étaient retirées dans l'appartement; mais le révérend garda sur ce point seul toute la réserve anglaise. Pendant que nous causions encore, un bruit de musique militaire retentit fortement à nos oreilles. — Il y a, me dit l'Anglais, une réception chez le pacha. C'est une députation des cheiks maronites qui viennent lui faire leurs doléances. Ce sont des gens qui se plaignent toujours; mais le pacha a l'oreille dure.

— On peut bien reconnaître cela à sa musique, dis-je; je n'ai jamais entendu un pareil vacarme.

— C'est pourtant votre chant national qu'on exécute: c'est *la Marseillaise*.

— Je ne m'en serais guère douté.

— Je le sais, moi, parce que j'entends cela tous les matins et tous les soirs, et que l'on m'a appris qu'ils croyaient exécuter cet air.

Avec plus d'attention je parvins en effet à distinguer quelques notes, perdues dans une foule d'agréments particuliers à la musique turque.

La ville paraissait décidément s'être réveillée, la brise maritime de trois heures agitait doucement les toiles tendues sur la terrasse de l'hôtel. Je saluai le révérend en le remerciant des façons polies qu'il avait montrées à mon égard, et qui ne sont rares chez les Anglais qu'à cause du préjugé social qui les met en garde contre tout inconnu. Il me semble qu'il y a là sinon une preuve d'égoïsme, au moins un manque de générosité.

Je fus étonné de n'avoir à payer en sortant de l'hôtel que dix piastres (2 francs 50 centimes) pour la table d'hôte. Le signor Battista me prit à part et me fit un reproche amical de n'être pas venu demeurer dans son hôtel. Je lui montrai la pancarte annonçant qu'on n'y était admis que moyennant 60 piastres, ce qui portait la dépense à 1,800 piastres par mois. — *Ah! corpo di me!* s'écria-t-il. *Questo è per gli Inglesi che hanno molto moneta, e che sono tutti heretici!... ma, per gli Francesi, e altri Romani è soltante cinque franchi!* (Ceci est pour les Anglais, qui ont beaucoup d'argent et qui sont tous hérétiques ; mais pour les Français et les autres Romains, c'est seulement 5 francs).

C'est bien différent ! pensai-je, et je m'applaudis d'autant plus de ne pas appartenir à la religion anglicane, puisqu'on rencontrait chez les hôteliers de Syrie des sentiments si catholiques et si romains.

III. — LE PALAIS DU PACHA.

Le seigneur Battista mit le comble à ses bons procédés en me promettant de me trouver un cheval pour le lendemain matin. Tranquillisé de ce côté, je n'avais plus qu'à me promener dans la ville, et je commençai par traverser la place pour aller voir ce qui se passait au palais du pacha. Il y avait là une grande foule au milieu de laquelle les cheiks maronites s'avançaient deux par deux, comme un cortége suppliant, dont la tête avait pénétré déjà dans la cour du palais. Leurs amples turbans rouges ou bigarrés, leurs *machlahs* et leurs cafetans tramés d'or ou d'argent, leurs armes brillantes, tout ce luxe d'extérieur qui, dans les autres pays d'Orient, est le partage de la seule race turque, donnait à cette procession un aspect fort imposant du reste. Je parvins à m'introduire à leur suite dans le palais, où la musique continuait à transfigurer *la Marseillaise* à grand renfort de fifres, de triangles et de cymbales.

La cour est formée par l'enceinte même du vieux palais de Fakardin. On y distingue encore les traces du style de la renaissance, que ce prince druse affectionnait depuis son voyage en Europe. Il ne faut pas s'étonner d'entendre citer partout dans ce pays le nom de Fakardin, qui se prononce en arabe Fakr-el-Din; c'est le héros du Liban, c'est aussi le premier souverain d'Asie qui ait daigné visiter nos climats du nord. Il fut accueilli à la cour des Médicis comme la révélation d'une chose inouie alors, c'est-à-dire qu'il existât au pays des Sarrasins un peuple dévoué à l'Europe, soit par religion, soit par sympathie.

Fakardin passa à Florence pour un philosophe, héritier des sciences grecques du Bas-Empire, conservées à travers les traductions arabes, qui ont sauvé tant de livres précieux et nous ont transmis leurs bienfaits; en France, on voulut voir en lui un descendant de quelques vieux croisés réfugiés dans le Liban à l'époque de saint Louis; on chercha dans le nom même du peuple druse un rapport d'allitération qui conduisit à le faire descendre d'un certain comte de Dreux. Fakardin accepta toutes ces suppositions avec le laisser-aller prudent et rusé des Levantins ; il avait besoin de l'Europe pour lutter contre le sultan.

Il passa à Florence pour chrétien, il le devint peut-être, comme nous avons vu faire de notre temps à l'émir Béchir, dont la famille a succédé à celle de Fakardin dans la souveraineté du Liban ; mais c'était un Druse toujours, c'est-à-dire le représentant d'une religion singulière, qui, formée des débris de toutes les croyances antérieures, permet à ses fidèles d'accepter momentanément toutes les formes possibles de culte, comme faisaient jadis les initiés égyptiens. Au fond, la religion druse n'est qu'une sorte de franc-maçonnerie, pour parler selon les idées modernes.

Fakardin représenta quelque temps l'idéal que nous nous formons d'Hiram, l'antique roi du Liban, l'ami de Salomon, le héros des associations mystiques. Maître de toutes les côtes de l'ancienne Phénicie et de la Palestine, il tenta de constituer la Syrie entière en un royaume indépendant ; l'appui qu'il attendait des rois de l'Europe lui manqua pour réaliser ce dessein. Maintenant son souvenir est resté pour le Liban un idéal de gloire et de puissance ; les débris de ses constructions, ruinées par la guerre plus que par le temps, rivalisent avec les antiques travaux des Romains. L'art italien, qu'il avait appelé à la décoration de ses palais et de ses villes, a semé çà et là des ornements, des statues et des colonnades, que les Turcs, rentrés en vainqueurs, se sont hâtés de détruire, étonnés d'avoir vu renaître tout-à-coup ces arts païens dont leurs conquêtes avaient fait litière depuis longtemps.

C'est donc à la place même où ces frêles merveilles ont existé trop peu d'années, où le souffle de la renaissance avait de loin resemé quelques germes de l'antiquité grecque et romaine, que s'élève le kiosque de charpente qu'a fait construire le pacha. Le cortége des Maronites s'était rangé sous les fenêtres en attendant le bon plaisir de ce gouverneur. Du reste, on ne tarda pas à les introduire.

Lorsqu'on ouvrit le vestibule, j'aperçus, parmi les secrétaires et officiers qui stationnaient dans la salle, l'Arménien qui avait été mon compagnon de traversée sur la *Santa-Barbara*. Il était vêtu de neuf, portait à sa ceinture une longue écritoire d'argent, et tenait à la main des parchemins et des brochures. Il ne faut pas s'étonner, dans le pays des contes arabes, de retrouver un pauvre diable qu'on a perdu de vue en bonne position à la cour. Mon Arménien me reconnut tout d'abord et parut charmé de me voir. Il portait le costume de la réforme en qualité d'employé turc et s'exprimait déjà avec une certaine dignité.

— Je suis heureux, lui dis-je, de vous voir dans une situation convenable; vous me faites l'effet d'un homme en place, et je regrette de n'avoir rien à solliciter ici.

— Mon Dieu! me dit-il, je n'ai pas encore beaucoup de crédit, mais je suis entièrement à votre service.

Nous causions ainsi derrière une colonne du vestibule pendant que le cortége des cheiks se rendait à la salle d'audience du pacha.

— Et que faites-vous là? dis-je à l'Arménien.

— On m'emploie comme traducteur. Le pacha m'a demandé hier une version turque de la brochure que voici.

Je jetai un coup-d'œil sur cette brochure, imprimée à Paris; c'était un rapport de M. Crémieux touchant l'affaire des Juifs de Damas. L'Europe a oublié ce triste épisode, qui a rapport au meurtre du père Thomas, dont on avait accusé les Juifs. Le pacha sentait le besoin de s'éclairer sur cette affaire, terminée depuis cinq ans. C'est là de la conscience assurément.

L'Arménien était chargé en outre de traduire l'*Esprit des lois* de Montesquieu et un manuel de la garde nationale parisienne. Il trouvait ce dernier ouvrage très-difficile et me pria de l'aider pour certaines expressions qu'il n'entendait pas. L'idée du pacha était de créer une garde nationale à Beyrouth, comme du reste il en existe à présent au Caire et dans bien d'autres villes de l'Orient. Quant à l'*Esprit des lois*, je pense qu'on avait choisi cet ouvrage sur le titre, pensant peut-être qu'il contenait des réglements de police applicables à tous les pays. L'Arménien en avait déjà traduit une partie, et trouvait l'ouvrage agréable et d'un style aisé, qui ne perdait que bien peu sans doute à la traduction.

Je lui demandai s'il pouvait me faire voir la réception chez le pacha des cheiks maronites; mais personne n'y était admis sans montrer un sauf-conduit qui avait été donné à chacun d'eux, seulement à l'effet de se présenter au palais, car on sait que les cheiks maronites ou druses n'ont pas le droit de pénétrer dans Beyrouth. Leurs vassaux y entrent sans difficultés, mais il y a pour eux-mêmes des peines sévères, si par hasard on les rencontre dans l'intérieur de la ville. Les Turcs craignent leur influence sur la population ou les rixes que pourrait amener dans les rues la rencontre de ces chefs toujours armés, accompagnés d'une suite nombreuse et prêts à lutter sans cesse pour des questions de préséance. Il faut dire aussi que cette loi n'est observée rigoureusement que dans les moments de troubles.

Du reste, l'Arménien m'apprit que l'audience du pacha se bornait à recevoir les cheiks, qu'il invitait à s'asseoir sur des divans autour de la salle; que là des esclaves leur apportaient à chacun un chibouk et leur servaient ensuite du café, après quoi le pacha écoutait leurs doléances et leur répondait invariablement que leurs adversaires étaient venus déjà lui faire des plaintes indentiques; qu'il réfléchirait mûrement pour voir de quel côté était la justice, et qu'on pouvait tout espérer du gouvernement paternel de sa hautesse, devant qui toutes les religions et toutes les races de l'empire auront toujours des droits égaux. En fait de procédés diplomatiques, les Turcs sont au niveau de l'Europe pour le moins.

Il faut reconnaître d'ailleurs que le rôle des pachas n'est pas facile dans ce pays. On sait quelle est la diversité des races qui habitent la longue chaîne du Liban et du Carmel, et qui dominent de là comme d'un fort tout le reste de la Syrie. Les Maronites reconnaissent l'autorité spirituelle du pape, ce qui les met sous la protection immédiate de la France et de l'Autriche ; les Grecs-unis, plus nombreux, mais moins influents, parce qu'ils se trouvent en général répandus dans le plat pays, sont soutenus par la Russie ; les Druses, les Ansariés et les Métualis, qui appartiennent à des croyances ou à des sectes que repousse l'orthodoxie musulmane, offrent à l'Angleterre un moyen d'action que les autres puissances lui abandonnent trop généreusement.

Ce sont les Anglais qui, en 1840, parvinrent à enlever au gouvernement égyptien l'appui de ces populations énergiques. Depuis, leur système a toujours tendu à diviser les races qu'un sentiment général de nationalité pourrait comme autrefois réunir sous les mêmes chefs. C'est dans cette pensée qu'ils ont livré à la Turquie l'émir Béchir, le dernier des princes du Liban, l'héritier de cette puissance multiple et mystérieuse dans sa source, qui depuis trois siècles réunissait toutes les sympathies, toutes les religions dans un même faisceau.

IV. — LES BAZARS. — LE PORT.

Je sortis de la cour du palais, traversant une foule compacte, qui toutefois ne semblait attirée que par la curiosité. En pénétrant dans les rues sombres que forment les hautes maisons de Beyrouth, bâties toutes comme des forteresses et que relient çà et là des passages voûtés, je retrouvai le mouvement, suspendu pendant les heures de la sieste; les montagnards encombraient l'immense bazar qui occupe les quartiers du centre, et qui se divise par ordre de denrées et de marchandises. La présence des femmes dans quelques boutiques est une particularité remarquable pour l'Orient, et qu'explique la rareté, dans cette population, de la race musulmane.

Rien n'est plus amusant à parcourir que ces longues allées d'étalages protégées par des tentures de diverses couleurs, qui n'empêchent pas quelques rayons de soleil de se jouer sur les fruits et sur la verdure aux teintes éclatantes, ou d'aller plus loin faire scintiller les broderies des riches vêtements suspendus aux portes des fripiers. J'avais grande envie d'ajouter à mon costume un détail de parure spécialement syrienne, et qui consiste à se draper le front et les tempes d'un mouchoir de soie rayé d'or, qu'on appelle *caffiéf*, et qu'on fait tenir sur la tête en l'entourant d'une corde de crin tordu; l'utilité de cet ajustement est de préserver les oreilles et le col des courants d'air, si dangereux dans un pays de montagnes. On m'en vendit un fort brillant pour quarante piastres, et, l'ayant essayé chez un barbier, je me trouvai la mine d'un roi d'Orient.

Ces mouchoirs se font à Damas; quelques-uns viennent de Brousse, quelques-uns aussi de Lyon. De longs cordons de soie avec des nœuds et des houppes se répandent avec grace sur le dos et sur les épaules, et satisfont cette coquetterie de l'homme, si naturelle dans les pays où l'on peut encore revêtir de beaux costumes. Ceci peut sembler puéril; pourtant il me semble que la dignité de l'extérieur rejaillit sur les pensées et sur les actes de la vie; il s'y joint encore, en Orient, une certaine assurance mâle, qui tient à l'usage de porter des armes à la ceinture : on sent qu'on doit être en toute occasion respectable et respecté;

aussi la brusquerie et les querelles sont-elles rares, parce que chacun sait bien qu'à la moindre insulte il peut y avoir du sang de versé.

Jamais je n'ai vu de si beaux enfants que ceux qui couraient et jouaient dans la plus belle allée du bazar. Des jeunes filles sveltes et rieuses se pressaient autour des élégantes fontaines de marbre ornées à la mauresque, et s'en éloignaient tour à tour en portant sur leur tête de grands vases de forme antique. On distingue dans ce pays beaucoup de chevelures rousses, dont la teinte, plus foncée que chez nous, a quelque chose de la pourpre ou du cramoisi. Cette couleur est tellement une beauté en Syrie, que beaucoup de femmes teignent leurs cheveux blonds ou noirs avec le *henné*, qui partout ailleurs ne sert qu'à rougir la plante des pieds, les ongles et la paume des mains.

Il y avait encore aux diverses places où se croisent les allées, des vendeurs de glaces et de sorbets, composant à mesure ces breuvages avec la neige recueillie au sommet du Sannin. Un brillant café, fréquenté principalement par les militaires, fournit aussi au point central du bazar des boissons glacées et parfumées. Je m'y arrêtai quelque temps, ne pouvant me lasser du mouvement de cette foule active, qui réunissait sur un seul point tous les costumes si variés de la montagne. Il y a, du reste, quelque chose de comique à voir s'agiter dans les discussions d'achat et de vente les cornes d'orfévrerie (*tantours*), hautes de plus d'un pied, que les femmes druses et maronites portent sur la tête, et qui balancent sur leur figure un long voile qu'elles y ramènent à volonté. La position de cet ornement leur donne l'air de ces fabuleuses licornes qui servent de support à l'écusson d'Angleterre. Leur costume extérieur est uniformément blanc ou noir.

La principale mosquée de la ville, qui donne sur l'une des rues du bazar, est une ancienne église des croisades où l'on voit encore le tombeau d'un chevalier breton. En sortant de ce quartier pour se rendre vers le port, on descend une large rue, consacrée au commerce franc. Là, Marseille lutte assez heureusement avec le commerce de Londres. A droite est le quartier des Grecs, rempli de cafés et de cabarets, où le goût de cette nation pour les arts se manifeste par une multitude de gravures en bois coloriées, qui égaient les murs avec les principales scènes de la vie de Napoléon et de la révolution de 1830. Pour contempler à loisir ce musée, je demandai une bouteille de vin de Chypre, qu'on m'apporta bientôt à l'endroit où j'étais assis, en me recommandant de la tenir cachée à l'ombre de la table. Il ne faut pas donner aux musulmans qui passent le scandale de voir que l'on boit du vin. Toutefois l'*aqua vitæ*, qui est de l'anisette, se consomme ostensiblement.

Le quartier grec communique avec le port par une rue qu'habitent les banquiers et les changeurs. De hautes murailles de pierre, à peine percées de quelques fenêtres ou baies grillées, entourent et cachent des cours et des intérieurs construits dans le style vénitien ; c'est un reste de la splendeur que Beyrouth a dû pendant long-temps au gouvernement des émirs druses et à ses relations de commerce avec l'Europe. Les consulats sont pour la plupart établis dans ce quartier, que je traversai rapidement. J'avais hâte d'arriver au port et de m'abandonner entièrement à l'impression du splendide spectacle qui m'y attendait.

O nature ! beauté, grace ineffable des cités d'Orient bâties aux bords des mers, tableaux chatoyants de la vie, spectacle des plus belles races humaines, des costumes, des barques, des vaisseaux se croisant sur des flots d'azur, comment peindre l'impression que vous causez à tout rêveur, et qui n'est pourtant que la réalité d'un sentiment prévu ! On a déjà lu cela dans les livres, on l'a admiré dans les tableaux, surtout dans ces vieilles peintures italiennes qui se rapportent à l'époque de la puissance maritime des Vénitiens et des Génois ; mais ce qui surprend aujourd'hui, c'est de le trouver encore si pareil à l'idée qu'on s'en est formée. On coudoie avec surprise cette foule bigarrée qui semble dater de deux siècles, comme si l'esprit remontait les âges, comme si le passé splendide des temps écoulés s'était reformé pour un instant. Suis-je bien le fils d'un pays grave, d'un siècle en habit noir et qui semble porter le deuil de ceux qui l'ont précédé ? Me voilà transformé moi-même, observant et posant à la fois, figure découpée d'une marine de Joseph Vernet.

J'ai pris place dans un café établi sur une estrade que soutiennent comme des pilotis des tronçons de colonnes enfoncées dans la grève. A travers les fentes des planches, on voit le flot verdâtre qui bat la rive sous nos pieds. Des matelots de tous pays, des montagnards, des Bédouins au vêtement blanc, des Maltais et quelques Grecs à mine de forban fument et causent autour de moi ;

deux ou trois jeunes *cafedjis* servent et renouvellent çà et là les *finejanes*, pleines d'un moka écumant, dans leurs enveloppes de filigrane doré ; le soleil, qui descend vers les monts de Chypre, à peine cachés par la ligne extrême des flots, allume çà et là ces pittoresques broderies qui brillent encore sur les plus pauvres haillons ; il découpe, à droite du quai, l'ombre immense du château maritime qui protége le port, amas de tours groupées sur des rocs, dont le bombardement anglais de 1840 a troué et déchiqueté les murailles. Ce n'est plus qu'un débris qui se soutient par sa masse et qui atteste l'iniquité d'un ravage inutile. A gauche, une jetée s'avance dans la mer, soutenant les bâtiments blancs de la douane ; comme le quai même, elle est formée presque entièrement des débris de colonnes de l'ancienne Beryte ou de la cité romaine de Julia Félix.

Beyrouth retrouvera-t-elle les splendeurs qui trois fois l'ont faite reine du Liban ? Aujourd'hui, c'est sa situation au pied de monts verdoyants, au milieu de jardins et de plaines fertiles, au fond d'un golfe gracieux que l'Europe emplit continuellement de ses vaisseaux, c'est le commerce de Damas et le rendez-vous central des populations industrieuses de la montagne, qui font encore la puissance et l'avenir de Beyrouth. Je ne connais rien de plus animé, de plus vivant que ce port, ni qui réalise mieux l'ancienne idée que se fait l'Europe de ces *Échelles du Levant*, où se passaient des romans ou des comédies. Ne rêve-t-on pas des aventures et des mystères à la vue de ces hautes maisons, de ces fenêtres grillées où l'on voit s'allumer souvent l'œil curieux des jeunes filles? Qui oserait pénétrer dans ces forteresses du pouvoir marital et paternel, ou plutôt qui n'aurait la tentation de l'oser? Mais, hélas! les aventures, ici, sont plus rares qu'au Caire ; la population est sérieuse autant qu'affairée; la tenue des femmes annonce le travail et l'aisance. Quelque chose de biblique et d'austère résulte de l'impression générale du tableau : cette mer encaissée dans les hauts promontoires, ces grandes lignes de paysage qui se développent sur les divers plans des montagnes, ces tours à créneaux, ces constructions ogivales, portent l'esprit à la méditation, à la rêverie.

Pour voir s'agrandir encore ce beau spectacle, j'avais quitté le café et je me dirigeais vers la promenade du Raz-Beyrouth, située à gauche de la ville. Les feux rougeâtres du couchant teignaient de reflets charmants la chaîne de montagnes qui descend vers Sidon ; tout le bord de la mer forme à droite des découpures de rochers, et çà et là des bassins naturels qu'a remplis le flot dans les jours d'orage ; des femmes et des jeunes filles y plongeaient leurs pieds en faisant baigner de petits enfants. Il y a beaucoup de ces bassins qui semblent des restes de bains antiques dont le fond est pavé de marbre. A gauche, près d'une petite mosquée qui domine un cimetière turc, on voit quelques énormes colonnes de granit rouge couchées à terre ; est-ce là, comme on le dit, que fut le cirque d'Hérode-Agrippa ?

V. — LE TOMBEAU DU SANTON.

Je cherchais en moi-même à résoudre cette question, quand j'entendis des chants et des bruits d'instruments dans un ravin qui borde les murailles de la ville. Il me sembla que c'était peut-être un mariage, car le caractère des chants était joyeux ; mais je vis bientôt paraître un groupe de musulmans agitant des drapeaux, puis d'autres qui portaient sur leurs épaules un corps couché sur une sorte de litière ; quelques femmes suivaient en poussant des cris, puis une foule d'hommes encore avec des drapeaux et des branches d'arbres.

Ils s'arrêtèrent tous dans le cimetière et déposèrent à terre le corps entièrement couvert de fleurs ; le voisinage de la mer donnait de la grandeur à cette scène et même à l'impression des chants bizarres qu'ils entonnaient d'une voix traînante. La foule des promeneurs s'était réunie sur ce point et contemplait avec respect cette cérémonie. Un négociant italien près duquel j'étais placé me dit que ce n'était pas là un enterrement ordinaire, et que le défunt était un santon qui vivait depuis longtemps à Beyrouth, où les Francs le regardaient comme un fou, et les musulmans comme un saint. Sa résidence avait été, dans les derniers temps, une grotte située sous une terrasse dans un des jardins de la ville ; c'était là qu'il vivait tout nu, avec des airs de bête fauve, et qu'on venait le consulter de toutes parts.

De temps en temps, il faisait une tournée dans la ville et prenait tout ce qui était à sa convenance dans les boutiques des marchands arabes. Dans ce cas ces derniers sont pleins de reconnaissance, et pensent que cela leur portera bonheur; mais, les Européens n'étant pas de cet avis, après quelques visites de cette pratique singulière, ils s'étaient plaints au pacha et avaient obtenu qu'on ne laissât plus sortir le santon de son jardin. Les Turcs, peu nombreux à Beyrouth, ne s'étaient pas opposés à cette mesure et se bornaient à entretenir le santon de provisions et de présents. Maintenant, le personnage étant mort, le peuple se livrait à la joie, attendu qu'on ne pleure pas un saint turc comme les mortels ordinaires. La certitude qu'après bien des macérations, il a enfin conquis la béatitude éternelle, fait qu'on regarde cet évènement comme heureux, et qu'on le célèbre au bruit des instruments ; autrefois il y avait même en pareil cas des danses, des chants d'almées et des banquets publics.

Cependant l'on avait ouvert la porte d'une petite construction carrée avec dôme destinée à être le tombeau du santon, et les derviches, placés au milieu de la foule, avaient repris le corps sur leurs épaules. Au moment d'entrer, ils semblèrent repoussés par une force inconnue, et tombèrent presque à la renverse. Il y eut un cri de stupéfaction dans l'assemblée. Ils se retournèrent vers la foule avec colère et prétendirent que les *pleureuses* qui suivaient le corps et les chanteurs d'hymnes avaient interrompu un instant leurs chants et leurs cris. On recommença avec plus d'ensemble, mais, au moment de franchir la porte, le même obstacle se renouvela. Des vieillards élevèrent alors la voix. C'est, dirent-ils, un caprice du vénérable santon, il ne veut pas entrer les pieds en avant dans le tombeau. On retourna le corps, les chants reprirent de nouveau ; autre caprice, autre chute des derviches qui portaient le cercueil.

On se consulta. « C'est peut-être, dirent quelques croyants, que le saint ne trouve pas cette tombe digne de lui, il faudra lui en construire une plus belle.

— Non, non, dirent quelques Turcs, il ne faut pas non plus obéir à toutes ses idées, le saint homme a toujours été d'une humeur inégale. Tâchons toujours de le faire entrer ; une fois qu'il sera dedans, peut-être s'y plaira-t-il ; autrement il sera toujours temps de le mettre ailleurs.

— Comment faire? dirent les derviches.

— Eh bien ! il faut le tourner rapidement pour l'étourdir un peu, et puis, sans lui donner le temps de se reconnaître, vous le pousserez dans l'ouverture. »

Ce conseil réunit tous les suffrages ; les chants

retentirent avec une nouvelle ardeur, et les derviches, prenant le cercueil par les deux bouts, le firent tourner pendant quelques minutes, puis, par un mouvement subit, ils se précipitèrent vers la porte, et cette fois avec un plein succès. Le peuple attendait avec anxiété le résultat de cette manœuvre hardie ; on craignait un instant que les derviches ne fussent victimes de leur audace et que les murs ne s'écroulassent sur eux ; mais ils ne tardèrent pas à sortir en triomphe, annonçant qu'après quelques difficultés le saint s'était tenu tranquille : sur quoi la foule poussa des cris de joie et se dispersa, soit dans la campagne, soit dans les deux cafés qui dominent la côte du Raz-Beyrouth.

C'était le second miracle turc que j'eusse été admis à voir : (on se souvient de celui de la Dhossa, où le schériff de la Mecque passe à cheval sur un chemin pavé par les corps des croyants) ; mais ici le spectacle de ce mort capricieux, qui s'agitait dans les bras des porteurs et refusait d'entrer dans son tombeau, me remit en mémoire un passage de Lucien, qui attribue les mêmes fantaisies à une statue de bronze de l'Apollon syrien. C'était dans un temple situé à l'est du Liban, et dont les prêtres, une fois par année, allaient, selon l'usage, la ver leurs idoles dans un lac sacré. Apollon se refusait toujours long-temps à cette cérémonie... il n'aimait pas l'eau, sans doute en qualité de prince des feux célestes, et s'agitait visiblement sur les épaules des porteurs, qu'il renversait à plusieurs reprises.

Selon Lucien, cette manœuvre tenait à une certaine habileté gymnastique des prêtres ; mais faut-il avoir pleine confiance en cette assertion du Voltaire de l'antiquité ? Pour moi, j'ai toujours été plus disposé à tout croire qu'à tout nier, et la Bible admettant les prodiges attribués à l'Apollon syrien, lequel n'est autre que Baal, je ne vois pas pourquoi cette puissance accordée aux génies rebelles et aux esprits de Python n'aurait pas produit de tels effets; je ne vois pas non plus pourquoi l'ame immortelle d'un pauvre santon n'exercerait pas une action magnétique sur les croyants convaincus de sa sainteté.

Et d'ailleurs qui oserait faire du scepticisme au pied du Liban ? Ce rivage n'est-il pas le berceau même de toutes les croyances du monde ? Interrogez le premier montagnard qui passe : il vous dira que c'est sur ce point de la terre qu'eurent lieu les scènes primitives de la Bible ; il vous conduira à l'endroit où fumèrent les premiers sacrifices, il vous montrera le rocher taché du sang d'Abel ; plus loin existait la ville d'Enochia, bâtie par les géants, et dont on distingue encore les traces ; ailleurs c'est le tombeau de Chanaan, fils de Cham. Placez-vous au point de vue de l'antiquité grecque, et vous verrez aussi descendre de ces monts tout le riant cortége des divinités dont la Grèce accepta et transforma le culte, propagé par les émigrations phéniciennes. Ces bois et ces montagnes ont retenti des cris de Vénus pleurant Adonis, et c'était dans ces grottes mystérieuses, où quelques sectes idolâtres célèbrent encore des orgies nocturnes, qu'on allait prier et pleurer sur l'image de la victime, pâle idole de marbre ou d'ivoire aux blessures saignantes, autour de laquelle les femmes éplorées imitaient les cris plaintifs de la déesse. Les chrétiens de Syrie ont des solennités pareilles dans la nuit du Vendredi-Saint ; une mère en pleurs tient la place de l'amante, mais l'imitation plastique n'est pas moins saisissante ; on a conservé les formes de la fête décrite si poétiquement dans l'idylle de Théocrite.

Croyez aussi que bien des traditions primitives n'ont fait que se transformer ou se renouveler dans les cultes nouveaux. Je ne sais trop si notre église tient beaucoup à la légende de Siméon Stylite, et je pense bien que l'on peut sans irrévérence trouver exagéré le système de mortification de ce saint; mais Lucien nous apprend encore que certains dévots de l'antiquité se tenaient debout plusieurs jours sur de hautes colonnes de pierre que Bacchus avait élevées, à peu de distance de Beyrouth, en l'honneur de Priape et de Junon.

Mais débarrassons-nous de ce bagage de souvenirs antiques et de rêveries religieuses où conduisent si invinciblement l'aspect des lieux et le mélange de ces populations, qui résument peut-être en elles toutes les croyances et toutes les superstitions de la terre. Moïse, Orphée, Zoroastre, Jésus, Mahomet, et jusqu'au Boudda indien, ont ici des disciples plus ou moins nombreux... Ne croirait-on pas que tout cela doit animer la ville, l'emplir de cérémonies et de fêtes, et en faire une sorte d'Alexandrie de l'époque romaine? Mais non, tout est calme et morne sous la froide influence des Turcs. C'est dans la montagne, où leur pouvoir se fait moins sentir, que nous retrouverons sans doute ces mœurs pittoresques, ces étranges contrastes que tant d'auteurs ont indiqués et que si peu ont été à même d'observer.

VI. — LA MONTAGNE.

J'avais, dans cette espérance, accepté avec empressement l'invitation que me faisait un prince ou émir du Liban d'aller passer quelques jours dans sa demeure, située à peu de distance d'Antoura, dans le Kesrouan. Comme on devait partir le lendemain matin, je n'avais plus que le temps de retourner à l'hôtel de Battista, où il s'agissait de s'entendre sur le prix de la location du cheval qu'on m'avait promis.

On me conduisit dans l'écurie, où il n'y avait que de grands chevaux osseux, aux jambes fortes, à l'échine aiguë comme celle des poissons... ceux-là n'appartenaient pas assurément à la race des chevaux *nedjis*, mais on me dit que c'étaient les meilleurs et les plus sûrs pour grimper les âpres côtes des montagnes. Les élégants coursiers arabes ne brillent guère que sur le *turf* sablonneux du désert. J'en indiquai un au hasard, et l'on me promit qu'il serait à ma porte le lendemain, au point du jour. On me proposa pour m'accompagner un jeune garçon, nommé *Moussa* (Moïse), qui parlait fort bien l'italien. Je remerciai de tout mon cœur le signor

Battista, qui s'était chargé de cette négociation, et chez lequel je promis de venir demeurer à mon retour.

La nuit était venue, mais les nuits de Syrie ne sont qu'un jour bleuâtre ; tout le monde prenait le frais sur les terrasses, et cette ville, à mesure que je la regardais en remontant les collines extérieures, affectait des airs babyloniens. La lune découpait de blanches silhouettes sur les escaliers que forment de loin ces maisons qu'on a vues dans le jour si hautes et si sombres, et dont les têtes des cyprès et des palmiers rompent çà et là l'uniformité.

Au sortir de la ville, ce ne sont d'abord que végétaux difformes, aloès, cactus et raquettes, étalant, comme les dieux de l'Inde, des milliers de têtes couronnées de fleurs rouges, et dressant sur vos pas des épées et des dards assez redoutables ; mais, en dehors de ces clôtures, on retrouve l'ombre éclaircie des mûriers blancs, des lauriers et des limoniers aux feuilles luisantes et métalliques. Les hautes demeures éclairées dessinent au loin leurs ogives et leurs arceaux, et du fond de ces manoirs d'un aspect sévère, on entend parfois le son des guitares accompagnant des voix mélodieuses.

Au coin du sentier qui tourne en remontant à la

maison que j'habite, il y a un cabaret établi dans le creux d'un arbre énorme. Là se réunissent les jeunes gens des environs, qui restent à boire et à chanter d'ordinaire jusqu'à deux heures du matin. L'accent guttural de leurs voix, la mélopée traînante d'un récitatif nasillard, se succèdent chaque nuit, au mépris des oreilles européennes qui peuvent s'ouvrir aux environs; j'avouerai pourtant que cette musique primitive et biblique ne manque pas de charme quelquefois, pour qui sait se mettre au-dessus des préjugés du solfége.

En rentrant, je trouvai mon hôte maronite et toute sa famille qui m'attendaient sur la terrasse attenante à mon logement. Ces braves gens croient vous faire honneur en amenant tous leurs parents et leurs amis chez vous. Il fallut leur faire servir du café et distribuer des pipes, ce dont, au reste, se chargeaient la maîtresse et les filles de la maison, aux frais naturellement du locataire. Quelques phrases mélangées d'italien, de grec et d'arabe défrayaient assez péniblement la conversation. Je n'osais pas dire que, n'ayant point dormi dans la journée et devant partir à l'aube du jour suivant, j'aurais aimé à regagner mon lit; mais, après tout, la douceur de la nuit, le ciel étoilé, la mer étalant à nos pieds ses nuances de bleu nocturne blanchies çà et là par le reflet des astres, me faisaient supporter assez bien l'ennui de cette réception. Ces bonnes gens me firent enfin leurs adieux, car je devais partir avant leur réveil, et, en effet, j'eus à peine le temps de dormir trois heures d'un sommeil interrompu par le chant des coqs.

En m'éveillant, je trouvai le jeune Moussa assis devant ma porte sur le rebord de la terrasse. Le cheval qu'il avait amené stationnait au bas du perron, ayant un pied replié sous le ventre au moyen d'une corde, ce qui est la manière arabe de faire tenir en place les chevaux. Il ne me restait plus qu'à m'emboîter dans une de ces selles hautes à la mode turque, qui vous pressent comme un étau et rendent la chute presque impossible. De larges étriers de cuivre en forme de pelle à feu sont attachés si haut, qu'on a les jambes pliées en deux; les coins tranchants servent à piquer le cheval. Le prince sourit un peu de mon embarras à prendre les allures d'un cavalier arabe, et me donna quelques conseils. C'était un jeune homme d'une physionomie franche et ouverte, dont l'accueil m'avait séduit tout d'abord; il s'appelait Abou-Miran, et appartenait à une branche de la famille des Hobeïsch, la plus illustre du Kesrouan. Sans être des plus riches, il avait autorité sur une dizaine de villages composant un district, et en rendait les redevances au pacha de Tripoli.

Tout le monde étant prêt, nous descendîmes jusqu'à la route qui côtoie le rivage, et qui, ailleurs qu'en Orient, passerait pour un simple ravin. Au bout d'une lieue environ, on me montra la grotte d'où sortit le fameux dragon qui était prêt à dévorer la fille du roi de Beyrouth, lorsque saint George le perça de sa lance. Ce lieu est très-révéré par les Grecs et par les Turcs eux-mêmes, qui ont construit une petite mosquée à l'endroit même où eut lieu le combat.

Tous les chevaux syriens sont dressés à marcher à l'amble, ce qui rend leur trot fort doux. J'admirais la sûreté de leur pas à travers les pierres roulantes, les granits tranchants et les roches polies que l'on rencontre à tous moments... Il fait déjà grand jour, nous avons dépassé le promontoire fertile de Beyrouth, qui s'avance dans la mer d'environ deux lieues, avec ses hauteurs couronnées de pins parasols et son escalier de terrasses cultivées en jardins; l'immense vallée qui sépare deux chaînes de montagnes étend à perte de vue son double amphithéâtre, dont la teinte violette est constellée çà et là de points crayeux, qui signalent un grand nombre de villages, de couvents et de châteaux. C'est un des plus vastes panoramas du monde, un de ces lieux où l'ame s'élargit, comme pour atteindre aux proportions d'un tel spectacle. Au fond de la vallée coule le Nahr-Beyrouth, rivière l'été, torrent l'hiver, qui va se jeter dans le golfe, et que nous traversâmes à l'ombre des arches d'un pont romain.

Les chevaux avaient seulement de l'eau jusqu'à mi-jambe; des tertres couverts d'épais buissons de lauriers-roses divisent le courant et couvrent partout de leur ombre le lit ordinaire de la rivière; deux zones de sable, indiquant la ligne extrême des inondations, détachent et font ressortir sur tout le fond de la vallée ce long ruban de verdure et de fleurs. Au-delà commencent les premières pentes de la montagne; des grès verdis par les lichens et les mousses, des caroubiers tortus, des chênes rabougris à la feuille teintée d'un vert sombre, des aloès et des nopals, embusqués dans les pierres, comme des nains armés menaçant l'homme à son passage, mais offrant un refuge à d'énormes lézards verts qui fuient par centaines sous les pieds des chevaux : voilà ce qu'on rencontre en gravissant les premières hauteurs. Cependant de longues places de sable aride déchirent çà et là ce manteau de végétation sauvage. Un peu plus loin, ces landes jaunâtres se prêtent à la culture et présentent des lignes régulières d'oliviers.

Nous eûmes atteint bientôt le sommet de la première zone des hauteurs, qui, d'en bas, semble se confondre avec le massif du Sannin. Au-delà s'ouvre une vallée qui forme un pli parallèle à celle du Nahr-Beyrouth, et qu'il faut traverser pour atteindre la seconde crête, d'où l'on en découvre une autre encore. On s'aperçoit déjà que ces villages nombreux, qui de loin semblaient s'abriter dans les flancs noirs d'une même montagne, dominent au contraire et couronnent des chaînes de hauteurs que séparent des vallées et des abîmes; on comprend aussi que ces lignes, garnies de châteaux et de tours, présenteraient à toute armée une série de remparts inaccessibles, si les habitants voulaient, comme autrefois, combattre réunis pour les mêmes principes d'indépendance. Malheureusement trop de peuples ont intérêt à profiter de leurs divisions.

Nous nous arrêtâmes sur le second plateau, où

s'élève une église maronite bâtie dans le style byzantin. On disait la messe, et nous mîmes pied à terre devant la porte, afin d'en entendre quelque chose. L'église était pleine de monde, car c'était un dimanche, et nous ne pûmes trouver place qu'aux derniers rangs.

Le clergé me sembla vêtu à peu près comme celui des Grecs ; les costumes sont assez beaux, et la langue employée est l'ancien syriaque, que les prêtres déclamaient ou chantaient d'un ton nasillard qui leur est particulier. Les femmes étaient toutes dans une tribune élevée et protégée par un grillage. En examinant les ornements de l'église, simples, mais fraîchement réparés, je vis avec peine que l'aigle noire à double tête de l'Autriche décorait chaque pilier, comme symbole d'une protection qui jadis appartenait à la France seule. C'est depuis notre dernière révolution seulement que l'Autriche et la Sardaigne luttent avec nous d'influence dans l'esprit et dans les affaires des catholiques syriens.

Une messe, le matin, ne peut point faire de mal, à moins que l'on n'entre en sueur dans l'église et que l'on ne s'expose à l'ombre humide qui descend des voûtes et des piliers ; mais cette maison de

Dieu était si propre et si riante, les cloches nous avaient appelés d'un si joli son de leur timbre argentin, et puis nous nous étions tenus si près de l'entrée, que nous sortîmes de là gaiement, bien disposés pour le reste du voyage. Nos cavaliers repartirent au galop en s'interpellant avec des cris joyeux ; faisant mine de se poursuivre, ils jetaient devant eux comme des javelots leurs lances ornées de cordons et de houppes de soie, et les retiraient ensuite, sans s'arrêter, de la terre ou des troncs d'arbre où elles étaient allées se piquer au loin.

Ce jeu d'adresse dura peu, car la descente devenait difficile, et le pied des chevaux se posait plus timidement sur les grès polis ou brisés en éclats tranchants. Jusque-là, le jeune Moussa m'avait suivi à pied, selon l'usage des *moukres,* bien que je lui eusse offert de le prendre en croupe ; mais je commençais à envier son sort. Saisissant ma pensée, il m'offrit de guider le cheval, et je pus traverser le fond de la vallée en coupant au court dans les taillis et dans les pierres. J'eus le temps de me reposer sur l'autre versant et d'admirer l'adresse de nos compagnons à chevaucher dans les ravins qu'on jugerait impraticables en Europe.

Cependant nous montions à l'ombre d'une forêt

de pins; et le prince mit pied à terre comme moi. Un quart-d'heure après, nous nous trouvâmes au bord d'une vallée moins profonde que l'autre, et formant comme un amphithéâtre de verdure. Des troupeaux paissaient l'herbe autour d'un petit lac, et je remarquai là quelques-uns de ces moutons syriens dont la queue, allourdie par la graisse, pèse jusqu'à vingt livres. Nous descendîmes pour faire rafraîchir les chevaux jusqu'à une fontaine couverte d'un vaste arceau de pierre et de construction antique, à ce qu'il me sembla. Plusieurs femmes, gracieusement drapées, venaient remplir de grands vases, qu'elles posaient ensuite sur leurs têtes; celles-là naturellement ne portaient pas la haute coiffure des femmes mariées, c'étaient des jeunes filles ou des servantes.

VII. — UN VILLAGE MIXTE.

En avançant quelques pas encore au-delà de la fontaine, et toujours sous l'ombrage des pins, nous nous trouvâmes à l'entrée du village de Bethmérie, situé sur un plateau, d'où la vue s'étend, d'un côté, vers le golfe, et, de l'autre, sur une vallée profonde, au-delà de laquelle de nouvelles crêtes de monts s'estompent dans un brouillard bleuâtre. Le contraste de cette fraîcheur et de cette ombre silencieuse avec l'ardeur des plaines et des grèves qu'on a quittées il y a peu d'heures, est une sensation qu'on n'apprécie bien que sous de tels climats. Une vingtaine de maisons étaient répandues sous les arbres et présentaient à peu près le tableau d'un de nos villages du midi. Nous nous rendîmes à la demeure du cheik, qui était absent, mais dont la femme nous fit servir du lait caillé et des fruits.

Nous avions laissé sur notre gauche une grande maison, dont le toit écroulé et dont les solives charbonnées indiquaient un incendie récent. Le prince m'apprit que c'étaient les Druses qui avaient mis le feu à ce bâtiment, pendant que plusieurs familles maronites s'y trouvaient rassemblées pour une noce. Heureusement les conviés avaient pu fuir à temps; mais le plus singulier, c'est que les coupables étaient des habitants de la même localité. Bethmérie, comme village mixte, contient environ cent cinquante chrétiens et une soixantaine de Druses. Les maisons de ces derniers sont séparées des autres par deux cents pas à peine. Par suite de cette hostilité, une lutte sanglante avait eu lieu, et le pacha s'était hâté d'intervenir en établissant entre les deux parties du village un petit camp d'Albanais, qui vivait aux dépens des populations rivales.

Nous venions de finir notre repas, lorsque le cheik rentra dans sa maison. Après les premières civilités, il entama une longue conversation avec le prince, et se plaignit vivement de la présence des Albanais et du désarmement général qui avait eu lieu dans son district. Il lui semblait que cette mesure n'aurait dû s'exercer qu'à l'égard des Druses, seuls coupables d'attaque nocturne et d'incendie. De temps en temps, les deux chefs baissaient la voix, et, bien que je ne pusse saisir complètement le sens de leur discussion, je pensai qu'il était convenable de m'éloigner un peu, sous prétexte de promenade.

Mon guide m'apprit en marchant que les chrétiens maronites de la province d'El Garb, où nous étions, avaient tenté précédemment d'expulser les Druses disséminés dans plusieurs villages, et que ces derniers avaient appelé à leur secours leurs coreligionnaires de l'Antiliban. De là une de ces luttes qui se renouvellent si souvent. La grande force des Maronites est dans la province du Kesrouan, située derrière Djebaïl et Tripoli, comme aussi la plus forte population des Druses habite les provinces situées de Beyrouth jusqu'à Saint-Jean-d'Acre. Le cheik de Bethmérie se plaignait sans doute au prince de ce que, dans la circonstance récente dont j'ai parlé, les gens du Kesrouan n'avaient pas bougé ; mais ils n'en avaient pas eu le temps, les Turcs ayant mis le holà avec un empressement peu ordinaire de leur part. C'est que la querelle était survenue au moment de payer le *miri*. Payez d'abord, disaient les Turcs, ensuite vous vous battrez tant qu'il vous plaira. Le moyen, en effet, de toucher des impôts chez des gens qui se ruinent et s'égorgent au moment même de la récolte ?

Au bout de la ligne des maisons chrétiennes, je m'arrêtai sous un bouquet d'arbres, d'où l'on voyait la mer, qui brisait au loin ses flots argentés sur le sable. L'œil domine de là les croupes étagées des monts que nous avions franchis, le cours des petites rivières qui sillonnent les vallées, et le ruban jaunâtre que trace le long de la mer cette belle route d'Antonin, où l'on voit sur les rochers des inscriptions romaines et des bas-reliefs persans. Je m'étais assis à l'ombre, lorsqu'on vint m'inviter à prendre du café chez un *moudhir* ou commandant turc, qui, je suppose, exerçait une autorité momentanée par suite de l'occupation du village par les Albanais.

Je fus conduit dans une maison nouvellement décorée, en l'honneur sans doute de ce fonctionnaire, avec une belle natte des Indes couvrant le sol, un divan de tapisserie et des rideaux de soie. J'eus l'irrévérence d'entrer sans ôter ma chaussure, malgré les observations des valets turcs, que je ne comprenais pas. Le moudhir leur fit signe de se taire, et m'indiqua une place sur le divan sans se lever lui-même. Il fit apporter du café et des pipes, et m'adressa quelques mots de politesse en s'interrompant de temps en temps pour appliquer son cachet sur des carrés de papier que lui passait son secrétaire, assis, près de lui, sur un tabouret.

Ce moudhir était jeune et d'une mine assez fière. Il commença par me questionner, en mauvais italien, avec toutes les banalités d'usage, sur la vapeur, sur Napoléon et sur la découverte prochaine d'un moyen pour traverser les airs. Après l'avoir satisfait là-dessus, je crus pouvoir lui demander quelques détails sur les populations qui nous entouraient. Il paraissait très-réservé à cet égard ; toutefois il m'apprit que la querelle était venue, là comme sur plusieurs autres points, de ce que les Druses ne voulaient point verser le tribut dans les mains des cheiks maronites, responsables envers le pacha. La même position existe d'une manière inverse dans les villages mixtes du pays des Druses. Je demandai au moudhir s'il y avait quelque difficulté à visiter l'autre partie du village. « Allez où vous voudrez, dit-il ; tous ces gens-là sont fort paisibles depuis que nous sommes chez eux. Autrement, il aurait fallu vous battre pour les uns ou pour les autres, pour la croix blanche ou pour la main blanche. » Ce sont les signes qui distinguent les drapeaux des Maronites et ceux des Druses, dont le fond est également rouge d'ailleurs.

Je pris congé de ce Turc, et, comme je savais que mes compagnons resteraient encore à Bethmérie pendant la plus grande chaleur du jour, je me dirigeai vers le quartier des Druses, accompagné du seul Moussa. Le soleil était dans toute sa force, et, après avoir marché dix minutes, nous rencontrâmes les deux premières maisons. Il y avait devant celle de droite un jardin en terrasse où jouaient quelques enfants. Ils accoururent pour nous voir passer et poussèrent de grands cris qui firent sortir deux femmes de la maison. L'une d'elles portait le *tantour,* ce qui indiquait sa condition d'épouse ou de veuve; l'autre paraissait plus jeune, et avait la tête couverte d'un simple voile, qu'elle ramenait sur une partie de son visage. Toutefois on pouvait distinguer leur physionomie, qui dans leurs mouvements apparaissait et se couvrait tour à tour comme la lune dans les nuages.

L'examen rapide que je pouvais en faire se complétait par les figures des enfants, toutes découvertes, et dont les traits, parfaitement formés, se rapprochaient de ceux des deux femmes. La plus jeune, me voyant arrêté, rentra dans la maison et revint avec une gargoulette de terre poreuse dont elle fit pencher le bec de mon côté à travers les grosses feuilles de cactier qui bordaient la terrasse. Je m'approchai pour boire, bien que je n'eusse pas soif, puisque je venais de prendre des rafraîchissements chez le moudhir. L'autre femme, voyant que je n'avais bu qu'une gorgée, me dit : « *Tourid leben* ? Est-ce du lait que tu veux ? » Je faisais un signe de refus, mais elle était déjà rentrée. En entendant ce mot *leben*, je me rappelais qu'il veut dire en allemand *la vie*. Le Liban tire aussi son nom de ce mot *leben*, et le doit à la blancheur des neiges qui couvrent ses montagnes, et que les Arabes, au travers des sables enflammés du désert, rêvent de loin comme le lait, — comme la vie ! La bonne femme était accourue de nouveau avec une tasse de lait écumant. Je ne pus refuser d'en boire, et j'allais tirer quelques pièces de ma ceinture, lorsque, sur le mouvement seul de ma main, ces deux personnes firent des signes de refus très-énergiques. Je savais déjà que l'hospitalité a dans le Liban des habitudes plus qu'écossaises : je n'insistai pas.

Autant que j'en ai pu juger par l'aspect comparé de ces femmes et de ces enfants, les traits de la population druse ont quelque rapport avec ceux de la race persane. Le hâle, qui répandait sa teinte ambrée sur les visages des petites filles, n'altérait pas la blancheur mate des deux femmes à demi-voilées, de telle sorte qu'on pourrait croire que l'habitude de se couvrir le visage est, avant tout chez les Levantines, une question de coquetterie. L'air vivifiant de la montagne et l'habitude du travail colorent fortement les lèvres et les joues. Le fard des Turques leur est donc inutile ; cependant, comme chez ces dernières, la teinture ombre leurs paupières et prolonge l'arc de leurs sourcils.

J'allai plus loin : c'étaient toujours des maisons d'un étage au plus bâties en pisé, les plus grandes en pierre rougeâtre, avec des toits plats soutenus par des arceaux intérieurs, des escaliers en dehors montant jusqu'au toit, et dont tout le mobilier, comme on pouvait le voir par les fenêtres grillées ou les portes entr'ouvertes, consistait en lambris de cèdre sculptés, en nattes et en divans, les enfants et les femmes animant tout cela sans trop s'étonner du passage d'un étranger, ou m'adressant avec bienveillance le *sal-kher* (bonjour) accoutumé.

Arrivé au bout du village où finit le plateau de Bethmérie, j'aperçus de l'autre côté de la vallée un couvent où Moussa voulait me conduire ; mais la fatigue commençait à me gagner, et le soleil était devenu insupportable : je m'assis à l'ombre d'un mur auquel je m'appuyai avec une certaine somnolence due au peu de tranquillité de ma nuit. Un vieillard sortit de la maison et m'engagea à venir me reposer chez lui. Je le remerciai, craignant qu'il ne fût déjà tard, et que mes compagnons ne s'inquiétassent de mon absence. Voyant aussi que je refusais tout rafraîchissement, il me dit que je ne devais pas le quitter sans accepter quelque chose. Alors il alla chercher de petits abricots (*mech-mech*) et me les donna; puis il voulut encore m'accompagner jusqu'au bout de la rue. Il parut contrarié en apprenant par Moussa que j'avais déjeuné chez le cheik chrétien. — C'est moi qui suis le cheik véritable, dit-il, et *j'ai le droit* de donner l'hospitalité aux étrangers. Moussa me dit alors que ce vieillard avait été en effet le cheik ou seigneur du village du temps de l'émir Béchir; mais, comme il avait pris parti pour les Égyptiens, l'autorité turque ne voulait plus le reconnaître, et l'élection s'était portée sur un Maronite.

VIII. — LE MANOIR.

Nous remontâmes à cheval vers trois heures, et nous descendîmes dans la vallée au fond de laquelle coule une petite rivière. En suivant son cours, qui se dirige vers la mer, et remontant ensuite au milieu des rochers et des pins, traversant çà et là des vallées fertiles plantées toujours de mûriers, d'oliviers et de cotonniers, entre lesquels on a semé le blé et l'orge, nous nous trouvâmes enfin sur le bord du Nahr-el-Kelb, c'est-à-dire le fleuve du Chien, l'ancien Lycus, qui répand une eau rare entre les rochers rougeâtres et les buissons de lauriers. Ce fleuve qui, dans l'été, est à peine une rivière, prend sa source aux cimes neigeuses du haut Liban, ainsi que tous les autres cours d'eau qui sillonnent parallèlement cette côte jusqu'à Antakié, et qui vont se jeter dans la mer de Syrie. Les hautes terrasses du couvent d'Antoura s'élevaient à notre gauche, et les bâtiments semblaient tout près, quoique nous en fussions séparés par de profondes vallées. D'autres couvents grecs, maronites, ou appartenant aux lazaristes européens, apparaissaient, dominant de nombreux villages, et tout cela, qui, comme description, peut se rapporter simplement à la physionomie des Apennins ou des Basses-Alpes, est d'un effet de contraste prodigieux, quand on songe qu'on est en pays musulman, à quelques lieues du désert de Damas et des ruines poudreuses de Balbeck. Ce qui fait aussi du Liban une petite Europe industrieuse, libre, intelligente surtout, c'est que là cesse l'impression de ces grandes chaleurs qui énervent les populations de l'Asie. Les cheiks et les habitants aisés ont, suivant les saisons, des résidences qui, plus haut ou plus bas dans des vallées étagées entre les monts, leur permettent de vivre au milieu d'un éternel printemps.

La zone où nous entrâmes au coucher du soleil, déjà très-élevée, mais protégée par deux chaînes de sommets boisés, me parut d'une température délicieuse. Là, commençaient les propriétés du prince, ainsi que Moussa me l'apprit. Nous touchions donc au but de notre course; cependant ce ne fut qu'à la nuit fermée et après avoir traversé un bois de sycomores, où il était très-difficile de guider les chevaux, que nous aperçûmes un groupe de bâtiments dominant un mamelon autour duquel tournait un chemin escarpé. C'était entièrement l'apparence d'un château gothique; quelques fenêtres éclairées découpaient leurs ogives étroites, qui formaient du reste l'unique décoration extérieure d'une cour carrée et d'une enceinte de grands murs. Toutefois, après qu'on nous eut ouvert une porte basse à cintre surbaissé, nous nous trouvâmes dans une vaste cour entourée de galeries soutenues par des colonnes. Des valets nombreux et des nègres s'empressaient autour des chevaux, et je fus introduit dans la salle basse ou *serdar*, vaste et décorée de divans, où nous prîmes place en attendant le souper. Le prince, après avoir fait servir des rafraîchissements pour ses compagnons et pour moi, s'excusa sur l'heure avancée qui ne permettait pas de me présenter à sa famille, et entra dans cette partie de la maison qui, chez les chrétiens comme chez les Turcs, est spécialement consacrée aux femmes ; il avait bu seulement avec nous un verre de *vin d'or* au moment où l'on apportait le souper.

Le lendemain, je m'éveillai au bruit que faisaient dans la cour les saïs et les esclaves noirs occupés du soin des chevaux. Il y avait aussi beaucoup de montagnards qui apportaient des provisions, et quelques moines maronites en capuchon noir et en robe bleue regardant tout avec un sourire bienveillant. Le prince descendit bientôt et me conduisit à un jardin en terrasse abrité de deux côtés par les murailles du château, mais ayant vue au dehors sur la vallée où le Nahr-el-Kelb coule profondément encaissé. On cultivait dans ce petit espace des bananiers, des palmiers nains, des limoniers et autres arbres de la plaine, qui, sur ce plateau élevé, devenaient une rareté et une recherche de luxe. Je songeais un peu aux châtelaines dont les fenêtres grillées donnaient probablement sur ce petit Éden, mais il n'en fut pas question. Le prince me parla long-temps de sa famille, des voyages que son grand-père avait faits en Europe et des honneurs qu'il y avait obtenus. Il s'exprimait fort bien en italien, comme la plupart des émirs et des cheiks du Liban, et paraissait disposé à faire quelque jour un voyage en France.

A l'heure du dîner, c'est-à-dire vers midi, on me fit monter à une galerie haute, ouverte sur la cour, et dont le fond formait une sorte d'alcôve garnie de divans avec un plancher en estrade ; deux femmes très-parées étaient assises sur le divan, les jambes croisées à la manière turque, et une petite fille qui était près d'elles vint dès l'entrée me baiser la main, selon la coutume. J'aurais volontiers rendu à mon tour cet hommage aux deux dames, si je n'avais pensé que cela était contraire aux usages. Je saluai seulement, et je pris place avec le prince à une table de marqueterie qui supportait un large plateau chargé de mets. Au moment où j'allais m'asseoir, la petite fille m'apporta une serviette de soie longue et tramée d'argent à ses deux bouts. Les dames continuèrent pendant le repas à poser sur l'estrade comme des idoles. Seulement, quand la table fut ôtée, nous allâmes nous asseoir en face d'elles, et ce fut sur l'ordre de la plus âgée qu'on apporta des narguilés.

Ces personnes étaient vêtues, par-dessus les gilets qui pressent la poitrine et le *cheytian* (pantalon) à longs plis, de longues robes de soie rayée ; une lourde ceinture d'orfévrerie, des parures de diamants et de rubis témoignaient d'un luxe très-général d'ailleurs en Syrie, même chez les femmes d'un moindre rang ; quant à la corne que la maîtresse de la maison balançait sur son front et qui lui faisait faire les mouvements d'un cygne, elle était de vermeil ciselé avec des incrustations de turquoises ; les tresses de cheveux entremêlés de grappes de sequins ruisselaient sur les épaules, selon la mode générale du Levant. Les pieds de ces dames, repliés sur le divan, ignoraient l'usage du bas, ce qui, dans ces pays, est général, et ajoute à la beauté un moyen de séduction bien éloigné de nos idées. Des femmes qui marchent à peine, qui se livrent plusieurs fois le jour à des ablutions parfumées, dont les chaussures ne compriment point les doigts, arrivent, on le conçoit bien, à rendre leurs pieds aussi charmants que leurs mains, la teinture de henné, qui en rougit les ongles, et les anneaux des chevilles, riches comme des bracelets, complètent la grâce et le charme de cette portion de la femme, un peu trop sacrifiée chez nous à la gloire des cordonniers.

Les princesses me firent beaucoup de questions sur l'Europe et me parlèrent de plusieurs voyageurs qu'elles avaient vus déjà. C'étaient en général des légitimistes en pèlerinage vers Jérusalem, et l'on conçoit combien d'idées contradictoires se trouvent ainsi répandues, sur l'état de la France, parmi les chrétiens du Liban. On peut dire seulement que nos dissentiments politiques n'ont que peu d'influence sur des peuples dont la constitution sociale diffère beaucoup de la nôtre. Des catholiques obligés de reconnaître comme suzerain l'empereur des Turcs n'ont pas d'opinion bien nette touchant notre état politique. Cependant ils ne se considèrent à l'égard du sultan que comme tributaires. Le véritable souverain est encore pour eux l'émir Béchir, livré au sultan par les Anglais après l'expédition de 1840.

En très-peu de temps je me trouvai fort à mon aise dans cette famille, et je vis avec plaisir disparaître la cérémonie et l'étiquette du premier jour. Les princesses, vêtues simplement et comme les femmes ordinaires du pays, se mêlaient aux travaux de leurs gens, et la plus jeune descendait aux fontaines avec les filles du village, ainsi que la Rébecca de la Bible et la Nausicaa d'Homère. On s'occupait beaucoup dans ce moment-là de la récolte de la soie, et l'on me fit voir les *cabanes*, bâtiments d'une construction légère qui servent de magnanerie. Dans certaines salles, on nourrissait encore les vers sur des cadres superposés ; dans d'autres, le sol était jonché d'épines coupées sur lesquelles les larves des vers avaient opéré leur transformation. Les cocons étoilaient comme des olives d'or les rameaux entassés et figurant d'épais buissons ; il fallait ensuite les détacher et les exposer à des vapeurs soufrées pour détruire la chrysalide, puis dévider ces fils presque imperceptibles. Des centaines de femmes et d'enfants étaient employées à ce travail, dont les princesses avaient aussi la surveillance.

IX. — UNE CHASSE.

Le lendemain de mon arrivée, qui était un jour de fête, on vint me réveiller dès le point du jour pour une chasse qui devait se faire avec éclat. J'allais m'excuser sur mon peu d'habileté dans cet exercice, craignant de compromettre, vis-à-vis de ces montagnards, la dignité européenne ; mais il s'agissait simplement d'une chasse au faucon. Le préjugé qui ne permet aux Orientaux que la chasse des animaux nuisibles les a conduits, depuis des siècles, à se servir d'oiseaux de proie sur lesquels retombe la faute du sang répandu. La nature a toute la responsabilité de l'acte cruel commis par l'oiseau de proie. C'est ce qui explique comment cette sorte de chasse a toujours été particulière à l'Orient. A la suite des croisades, la mode s'en répandit chez nous.

Je pensais que les princesses daigneraient nous accompagner, ce qui aurait donné à ce divertissement un caractère tout chevaleresque ; mais on ne les vit point paraître. Des valets, chargés du soin des oiseaux, allèrent chercher les faucons dans des logettes situées à l'intérieur de la cour, et les remirent au prince et à deux de ses cousins, qui étaient les personnages les plus apparents de la troupe. Je préparais mon poing pour en recevoir un, lorsqu'on m'apprit que les faucons ne pouvaient être tenus que par des personnes connues d'eux. Il y en avait trois tout blancs, chaperonnés fort élégamment, et, comme on me l'expliqua, de cette race particulière à la Syrie, dont les yeux ont l'éclat de l'or.

Nous descendîmes dans la vallée, en suivant le cours du Nahr-el-Kelb, jusqu'à un point où l'horizon s'élargissait, et où de vastes prairies s'étendaient à l'ombre des noyers et des peupliers. La rivière, en faisant un coude, laissait échapper dans la plaine de vastes flaques d'eau à demi cachées par les joncs et les roseaux. On s'arrêta, et l'on attendit que les oiseaux, effrayés d'abord par le bruit des pas de chevaux, eussent repris leurs habitudes de mouvement ou de repos. Quand tout fut rendu au silence, on distingua, parmi les oiseaux qui poursuivaient les insectes de marécage, deux hérons occupés probablement de pêche, et dont le vol traçait de temps en temps des cercles au-dessus des herbes. Le moment était venu : on tira quelques coups de fusil pour faire *monter* les hérons, puis on décoiffa les faucons, et chacun des cavaliers qui les tenaient les lança en les encourageant par des cris.

Ces oiseaux commencent par voler au hasard, cherchant une proie quelconque ; ils eurent bientôt aperçu les hérons, qui, attaqués isolément, se défendirent à coups de bec. Un instant, on craignit que l'un des faucons ne fût percé par le bec de celui qu'il attaquait seul ; mais, averti probablement du danger de la lutte, il alla se réunir à ses deux compagnons de perchoir. L'un des hérons, débarrassé de son ennemi, disparut dans l'épaisseur des arbres, tandis que son compagnon s'élevait en droite ligne vers le ciel. Alors commença l'intérêt réel de la chasse. En vain le héron poursuivi s'était-il perdu dans l'espace, où nos yeux ne pouvaient plus le voir : les faucons le voyaient pour nous, et, ne pouvant le suivre si haut, attendaient qu'il redescendît. C'était un spectacle plein d'émotion que de voir planer ces trois combattants à peine visibles eux-mêmes, et dont la blancheur se fondait dans l'azur du ciel.

Au bout de dix minutes, le héron, fatigué ou peut-être ne pouvant plus respirer l'air trop raréfié de la zone qu'il parcourait, reparut à peu de distance des faucons, qui fondirent sur lui. Ce fut une lutte d'un instant, qui, se rapprochant de la terre, nous permit d'entendre les cris et de voir un mélange furieux d'ailes, de cols et de pattes enlacés. Tout-à-coup les quatre oiseaux tombèrent comme une masse dans l'herbe, et les piqueurs furent obligés de les chercher quelques moments. Enfin ils ramassèrent le héron, qui vivait encore, et dont ils coupèrent la gorge, afin qu'il ne souffrît pas plus long-temps. Ils jetèrent alors aux faucons un morceau de chair coupé dans l'estomac de la proie, et rapportèrent en triomphe les dépouilles sanglantes du vaincu. Le prince me parla de chasses qu'il faisait quelquefois dans la vallée de Becquà, où l'on employait le faucon pour prendre des gazelles. Malheureusement il y a quelque chose de plus cruel dans cette chasse que l'emploi même des armes, car les faucons sont dressés à s'aller poser sur la tête des pauvres gazelles, dont ils crèvent les yeux. Je n'étais nullement curieux d'assister à d'aussi tristes amusements.

Il y eut ce soir-là un banquet splendide auquel beaucoup de voisins avaient été conviés. On avait placé dans la cour beaucoup de petites tables à la turque, multipliées et disposées d'après le rang des invités. Le héron, victime triomphale de l'expédition, décorait avec son col dressé au moyen de fils de fer et ses ailes en éventail le point central de la table princière, placée sur une estrade, et où je fus invité à m'asseoir auprès d'un des pères lazaristes du couvent d'Antoura, qui se trouvait là à l'occasion de la fête. Des chanteurs et des musiciens étaient placés sur le perron de la cour, et la galerie inférieure était pleine de gens assis à d'autres petites tables de cinq à six personnes. Les plats à peine entamés passaient des premières tables aux autres, et finissaient par circuler dans la cour, où les montagnards, assis à terre, les recevaient à leur tour. On nous avait donné de vieux verres de Bohême, mais la plupart des conviés buvaient dans des tasses qui faisaient la ronde. De longs cierges de cire éclairaient les tables principales. Le fonds de la cuisine se composait de mouton grillé, de pilau en pyramide jauni de poudre de cannelle et de safran, puis de fricassées, de poissons bouillis, de légumes farcis de viandes hachées, de melons d'eau, de bananes et autres fruits du pays. A la fin du repas, on porta des santés au bruit des instruments et aux cris joyeux de l'assemblée; la moitié des gens assis à table se levait et buvait à l'autre. Cela dura long-temps ainsi. Il va sans dire que les dames, après avoir assisté au commencement du repas, mais sans y prendre part, se retirèrent dans l'intérieur de la maison.

La fête se prolongea fort avant dans la nuit. En général, on ne peut rien distinguer dans la vie des émirs et cheiks maronites qui diffère beaucoup de celle des autres Orientaux, si ce n'est ce mélange des coutumes arabes et de certains usages de nos époques féodales. C'est la transition de la vie de tribu, comme on la voit établie encore au pied de ces montagnes, à cette ère de civilisation moderne qui gagne et transforme déjà les cités industrieuses de la côte. Il semble que l'on vive au milieu du xiiie siècle français; mais en même temps on ne peut s'empêcher de penser à Saladin et à son frère Malek-Adel, que les Maronites se vantent d'avoir vaincu entre Beyrouth et Saïde. Le lazariste auprès duquel j'étais placé pendant le repas (il se nommait le père Adam) me donna beaucoup de détails sur le clergé maronite. J'avais cru jusque-là que ce n'étaient que des catholiques médiocres, attendu la faculté qu'ils avaient de se marier. Ce n'est là toutefois qu'une tolérance accordée spécialement à l'église syrienne. Les femmes des curés sont appelées prêtresses par honneur, mais n'exercent aucune fonction sacerdotale. Le pape admet aussi l'existence d'un patriarche maronite nommé par un conclave, et qui, au point de vue canonique, porte le titre d'évêque d'Antioche ; mais ni le patriarche ni ses douze évêques suffragants ne peuvent être mariés.

X. — LE KESROUAN.

Nous allâmes le lendemain reconduire le père Adam à Antoura. C'est un édifice assez vaste au-dessus d'une grande terrasse qui domine tout le pays, et au bas de laquelle est un vaste jardin planté d'orangers énormes. L'enclos est traversé d'un ruisseau qui sort des montagnes et que reçoit un grand bassin. L'église est bâtie hors du couvent, qui se compose à l'intérieur d'un édifice assez vaste divisé en un double rang de cellules ; les pères s'occupent, comme les autres moines de la montagne, de la culture de l'olivier et des vignes. Ils ont des classes pour les enfants du pays ; leur bibliothèque contient beaucoup de livres imprimés dans la montagne, car il y a aussi là des moines imprimeurs, et j'y ai trouvé même la collection d'un journal-revue intitulé l'*Ermite de la Montagne*, dont la publication a cessé depuis quelques années. Le père Adam m'apprit que la première imprimerie avait été établie, il y a cent ans, à Mar-Hanna, par un religieux d'Alep nommé Abdallah-Zeker, qui grava lui-même et fondit les caractères. Beaucoup de livres de religion, d'histoire et même des recueils de contes sont sortis de ces presses bénies. Il est assez curieux de voir en passant au bas des murs d'un couvent des feuilles imprimées qui sèchent au soleil. Du reste, les moines du Liban exercent toutes sortes d'états, et ce n'est pas à eux qu'on reprochera la paresse.

Outre les couvents assez nombreux des lazaristes et des jésuites européens, qui aujourd'hui luttent d'influence et ne sont pas toujours amis, il y a dans tout le Kesrouan environ deux cents couvents de moines réguliers, sans compter un grand nombre d'ermitages dans le pays de Mar-Élicha. On rencontre aussi de nombreux couvents de femmes consacrés la plupart à l'éducation. Tout cela ne forme-t-il pas un personnel religieux bien considérable pour un pays de cent dix lieues carrées, qui ne compte pas deux cent mille habitants ! Il est vrai que cette portion de l'ancienne Phénicie a toujours été célèbre par l'ardeur de ses croyances. A quelques lieues du point où nous étions coule le Narh-Ibrahim, l'ancien Adonis, qui se teint de rouge encore au printemps à l'époque où l'on pleurait jadis la mort du symbolique favori de Vénus. C'est près de l'endroit où cette rivière se jette dans la mer qu'est situé Djébaïl, l'ancienne Biblos, où naquit Adonis, fils, comme on sait, de Cynire et de Myrrha, la propre fille de ce roi phénicien. Ces souvenirs de la fable, ces adorations, ces honneurs divins rendus jadis à l'inceste et à l'adultère indignent encore les bons religieux lazaristes. Quant aux moines maronites, ils ont le bonheur de les ignorer profondément.

Le prince voulut bien m'accompagner et me guider dans plusieurs excursions à travers cette province du Kesrouan, que je n'aurais cru ni si vaste ni si peuplée. Gazir, la ville principale, qui a cinq églises et une population de six mille ames, est la résidence de la famille Hobeïsch, l'une des trois plus nobles de la nation maronite; les deux autres sont les Avaki et les Khazen. Les descendants de ces trois maisons se comptent par centaines, et la coutume du Liban, qui veut le partage égal des biens entre les frères, a réduit beaucoup nécessairement l'apanage de chacun. Cela explique la plaisanterie locale qui appelle certains de ces émirs *princes d'olive et de fromage*, en faisant allusion à leurs maigres moyens d'existence.

Les plus vastes propriétés appartiennent à la famille Khazen, qui réside à Zouk Mikel, ville plus peuplée encore que Gazir. Louis XIV contribua beaucoup à l'éclat de cette famille, en confiant à plusieurs de ses membres des fonctions consulaires. Il y a en tout cinq districts dans la partie de la province dite le Kesrouan Gazir, et trois dans le Kesrouan Bekfaya, situé du côté de Balbek et de Damas. Chacun de ces districts comprend un chef-lieu gouverné d'ordinaire par un émir, et une douzaine de villages ou paroisses placés sous l'autorité des cheiks. L'édifice féodale ainsi constitué aboutit à l'émir de la province, qui, lui-même, tient ses pouvoirs du grand émir résidant à Deïr Khamar. Ce dernier étant aujourd'hui captif des Turcs, son autorité a été déléguée à deux kaïmakans ou gouverneurs, l'un Maronite, l'autre Druse, forcés de soumettre aux pachas toutes les questions d'ordre politique.

Cette disposition a l'inconvénient d'entretenir

entre les deux peuples un antagonisme d'intérêts et d'influences qui n'existait pas lorsqu'ils vivaient réunis sous un même prince. La grande pensée de l'émir Fakardin, qui avait été de mélanger les populations et d'effacer les préjugés de race et de religion, se trouve prise à contre pied, et l'on tend à former deux nations ennemies là où il n'en existait qu'une seule, unie par des liens de solidarité et de tolérance mutuelle.

On se demande quelquefois comment les souverains du Liban parvenaient à s'assurer la sympathie et la fidélité de tant de peuples de religions diverses. A ce propos, le père Adam me disait que l'émir Béchir était chrétien par son baptême, Turc par sa vie et Druse par sa mort, ce dernier peuple ayant le droit immémorial d'ensevelir les souverains de la montagne. Il me racontait encore une anecdote locale analogue. Un Druse et un Maronite qui faisaient route ensemble s'étaient demandé : « Mais quelle est donc la religion de notre souverain ?—Il est Druse, disait l'un.—Il est chrétien, disait l'autre. » Un métuali (sectaire musulman) qui passait est choisi pour arbitre, et n'hésite pas à répondre : « Il est Turc. » Ces braves gens, plus irrésolus que jamais, conviennent d'aller chez l'émir lui demander de les mettre d'accord. L'émir Béchir les reçut fort bien, et une fois au courant de leur querelle, dit en se tournant vers son vizir : « Voilà des gens bien curieux ! qu'on leur tranche la tête à tous les trois ! » Sans ajouter une croyance exagérée à la sanglante affabulation de cette histoire, on peut y reconnaître la politique éternelle des grands émirs du Liban. Il est très vrai que leur palais contient une église, une mosquée et un *khalouè* (temple druse). Ce fut longtemps le triomphe de leur politique, et c'en est peut-être devenu l'écueil.

IX. — UN COMBAT.

J'acceptais avec bonheur cette vie des montagnes, dans une atmosphère tempérée, au milieu de mœurs à peine différentes de celles que nous voyons dans nos provinces du midi. C'était un repos pour les longs mois passés sous les ardeurs du soleil d'Egypte, et quant aux personnes, c'était, ce dont l'ame a besoin, cette sympathie qui n'est jamais entière de la part des musulmans, ou qui, chez la plupart, est contrariée par les préjugés de race. Je retrouvais dans la lecture, dans la conversation, dans les idées, ces choses de l'Europe que nous fuyons par ennui, par fatigue, mais que nous rêvons de nouveau après un certain temps, comme nous avions rêvé l'inattendu, l'étrange, pour ne pas dire l'inconnu. Ce n'est pas avouer que notre monde vaille mieux que celui-là, c'est seulement retomber insensiblement dans les impressions d'enfance, c'est accepter le joug commun. On lit dans une pièce de vers d'Henri Heine l'apologue d'un sapin du Nord couvert de neige, qui demande le sable aride et le ciel de feu du désert, tandis qu'à la même heure un palmier brûlé par l'atmosphère aride des plaines d'Égypte demande à respirer dans les brumes du Nord, à se baigner dans la neige fondue, à plonger ses racines dans le sol glacé !

Par un tel esprit de contraste et d'inquiétude, je songeais déjà à retourner dans la plaine, me disant, après tout, que je n'étais pas venu en Orient pour passer mon temps dans un paysage des Alpes; mais, un soir, j'entends tout le monde causer avec inquiétude ; des moines descendent des couvents voisins, tout effarés ; on parle des Druses qui sont venus en nombre de leurs provinces et qui se sont jetés sur les cantons mixtes, désarmés par ordre du pacha de Beyrouth. Le Kesrouan, qui fait partie du pachalick de Tripoli, a conservé ses armes; il faut donc aller soutenir des frères sans défense, il faut passer le Nahr-el-Kelb, qui est la limite des deux pays, véritable Rubicon, qui n'est franchi que dans des circonstances graves. Les montagnards armés se pressaient impatiemment autour du village et dans les prairies. Des cavaliers parcouraient les localités voisines en jetant le vieux cri de guerre: « Zèle de Dieu! zèle des combats!»

Le prince me prit à part et me dit : « Je ne sais ce que c'est, les rapports qu'on nous fait sont exagérés peut-être, mais nous allons toujours nous tenir prêts à secourir nos voisins. Le secours des pachas arrive toujours quand le mal est fait... Vous feriez bien, quant à vous, de vous rendre au couvent d'Antoura ou de regagner Beyrouth par la mer.

— Non, lui dis-je, laissez-moi vous accompagner. Ayant eu le malheur de naître dans une époque peu guerrière, je n'ai encore vu de combats, que dans l'intérieur de nos villes d'Europe, et de tristes combats, je vous jure! Nos montagnes, à nous, étaient des groupes de maisons et nos vallées des places et des rues! Que je puisse assister, dans ma vie, à une lutte un peu grandiose, à une guerre religieuse. Il serait si beau de mourir pour la cause que vous défendez.

Je disais, je pensais ces choses ; l'enthousiame environnant m'avait gagné ; je passai la nuit suivante à rêver des exploits qui nécessairement m'ouvraient les plus hautes destinées.

Au point du jour quand le prince monta à cheval, dans la cour, avec ses hommes, je me disposais à en faire autant ; mais le jeune Moussa s'opposa résolument à ce que je me servisse du cheval qui m'avait été loué à Beyrouth : il était chargé de le ramener vivant, et craignait avec raison les chances d'une expédition guerrière.

Je compris la justesse de sa réclamation, et j'acceptai un des chevaux du prince. Nous passâmes enfin la rivière, étant tout au plus une douzaine de cavaliers sur peut-être trois cents hommes.

Après quatre heures de marche, on s'arrêta près du couvent de Mar-Hanna, où beaucoup de montagnards vinrent encore nous rejoindre. Les moines basiliens nous donnèrent à déjeuner; mais, selon eux, il fallait attendre : rien n'annonçait que les Druses eussent envahi le district. Cependant les nouveaux arrivés exprimaient un avis contraire, et l'on résolut d'avancer encore. Nous avions laissé les chevaux pour couper au court à travers les bois, et, vers le soir, après quelques alertes, nous entendîmes des coups de fusil répercutés par les rochers.

Je m'étais séparé du prince en gravissant une côte pour arriver à un village qu'on apercevait au dessus des arbres, et je me trouvai avec quelques hommes au bas d'un escalier de terrasses cultivées; plusieurs d'entre eux semblèrent se concerter, puis ils se mirent à attaquer la haie de cactus qui formait clôture, et, pensant qu'il s'agissait de pénétrer jusqu'à des ennemis cachés, j'en fis autant avec mon yataghan ; les spatules épineuses roulaient à terre comme des têtes coupées, et la brèche ne tarda pas à nous donner passage. Là, mes compagnons se répandirent dans l'enclos, et, ne trouvant personne, se mirent à hacher les pieds de mûriers et d'oliviers avec une rage extraordinaire. L'un d'eux, voyant que je ne faisais rien, voulut me donner une cognée; je le repoussai; ce spectacle de destruction me révoltait. Je venais de reconnaître que le lieu où nous nous trouvions n'était autre que la partie du village de Bethmérie où j'avais été si bien accueilli quelques jours auparavant.

Heureusement je vis de loin le gros de nos gens

qui arrivait sur le plateau, et je rejoignais le prince, qui paraissait dans une grande irritation. Je m'approchai de lui pour lui demander si nous n'avions d'ennemis à combattre que des cactus et des mûriers ; mais il déplorait déjà tout ce qui venait d'arriver, et s'occupait à empêcher que l'on mît le feu aux maisons. Voyant quelques Maronites qui s'en approchaient avec des branches de sapin allumées, il leur ordonna de revenir. Les Maronites l'entourèrent en criant : « Les Druses ont fait cela chez les chrétiens ; aujourd'hui nous sommes forts, il faut leur rendre la pareille ! »

Le prince hésitait à ces mots, parce que la loi du talion est sacrée parmi les montagnards. Pour un meurtre il en faut un autre, et de même pour les dégâts et les incendies. Je tentai de lui faire remarquer qu'on avait déjà coupé beaucoup d'arbres et que cela pouvait passer pour une compensation. Il trouva une raison plus concluante à donner. — Ne voyez-vous pas, leur dit-il, que l'incendie serait aperçu de Beyrouth ? Les Albanais seraient envoyés de nouveau ici !

Cette considération finit par calmer les esprits. Cependant on n'avait trouvé dans les maisons qu'un vieillard coiffé d'un turban blanc qu'on amena, et dans lequel je reconnus aussitôt le bonhomme qui, lors de mon passage à Bethmérie, m'avait offert de me reposer chez lui. On le conduisit chez le cheik chrétien, qui paraissait un peu embarrassé de tout ce tumulte et qui cherchait, ainsi que le prince, à réprimer l'agitation. Le vieillard druse gardait un maintien fort tranquille et dit en regardant le prince :

— La paix soit avec toi, Miran ; que viens-tu faire dans notre pays ?

— Où sont tes frères ? dit le prince ; ils ont fui sans doute en nous apercevant de loin.

— Tu sais que ce n'est pas leur habitude, dit le vieillard ; mais ils se trouvaient quelques-uns contre tout ton peuple, ils ont emmené loin d'ici les femmes et les enfants. Moi, j'ai voulu rester.

— On nous a dit pourtant que vous aviez appelé les Druses de l'autre montagne et qu'ils étaient en grand nombre.

— On vous a trompés. Vous avez écouté de mauvaises gens, des étrangers qui eussent été contents de nous faire égorger, afin qu'ensuite nos frères vinssent ici nous venger sur vous !

Le vieillard était resté debout pendant cette explication. Le cheik chez lequel nous étions parut frappé de ses paroles et lui dit : Te crois-tu prisonnier ici? Nous fûmes amis autrefois, pourquoi, ne t'assieds-tu pas avec nous ?

—Parce que tu es dans ma maison, dit le vieillard.

—Allons, dit le cheik chrétien, oublions tout cela. Prends place sur ce divan; on va t'apporter du café et une pipe.

—Ne sais-tu pas, dit le vieillard, qu'un Druse n'accepte jamais rien chez les Turcs ni chez leurs amis, de peur que ce ne soit le produit des exactions et des impôts injustes ?

—Un ami des Turcs ? je ne le suis pas !

—N'ont-ils pas fait de toi un cheik, tandis que c'est moi qui l'étais dans le village du temps d'Ibrahim, et alors ta race et la mienne vivaient en paix ? N'est-ce pas toi aussi qui es allé te plaindre au pacha pour une affaire de tapageurs, une maison brûlée, une querelle de bons voisins, que nous aurions vidée facilement entre nous ?

Le cheik secoua la tête sans répondre; mais le prince coupa court à l'explication et sortit de la maison en tenant le Druse par la main. —Tu prendras bien le café avec moi, qui n'ai rien accepté des Turcs, lui dit-il, et il ordonna à son *cafedji* de lui en servir sous les arbres.

— J'étais un ami de ton père, dit le vieillard, et dans ce temps-là Druses et Maronites vivaient en paix.

Et ils se mirent à causer longtemps de l'époque où les deux peuples étaient réunis sous le gouvernement de la famille Schehab, et n'étaient pas abondonnés à l'arbitraire des pachas.

Il fut convenu que le prince remmènerait tout son monde, que les Druses reviendraient dans le village sans appeler des secours éloignés, et que l'on considèrerait le dégât qui venait d'être fait chez eux comme une compensation de l'incendie précédent d'une maison chrétienne.

Ainsi se termina cette terrible expédition où je m'étais promis de recueillir tant de gloire; mais toutes les querelles des villages mixtes ne trouvent pas des arbitres aussi conciliants que l'avait été le prince Abou-Mitan. Cependant il faut dire que si l'on peut citer des assassinats isolés, les querelles générales sont rarement sanglantes. C'est un peu alors comme les combats des Espagnols, où l'on se poursuit dans les monts sans se rencontrer, parce que l'un des partis se cache toujours quand l'autre est en force. On crie beaucoup, on brûle des maisons, on coupe des arbres, et les bulletins, rédigés par des intéressés, donnent seuls le compte des morts.

Au fond, ces peuples s'estiment entre eux plus qu'on ne croit, et ne peuvent oublier les liens qui les unissaient jadis. Tourmentés et excités soit par les missionnaires, soit par les moines, soit par les Turcs, soit par les Européens, ils se ménagent à la manière des condottieri d'autrefois, qui livraient de grands combats sans effusion de sang. Les moines prêchent, il faut bien courir aux armes; les missionnaires anglais déclament et paient, il faut bien se montrer vaillants; mais il y a au fond de tout cela doute et découragement. Chacun comprend déjà ce que veulent quelques puissances de l'Europe, divisées de but et d'intérêts et secondées par l'imprévoyance des Turcs. En suscitant des querelles dans les villages mixtes, on croit avoir prouvé la nécessité d'une entière séparation entre les deux races, autrefois unies et solidaires. Le travail qui se fait en ce moment dans le Liban sous couleur de pacification consiste à opérer l'échange des propriétés qu'ont les Druses dans les cantons chrétiens contre celles qu'ont les chrétiens dans les cantons druses. Alors plus de ces luttes intestines tant de fois exagérées; seulement on aura deux peuples bien distincts, dont l'un sera placé peut-être sous la protection de l'Autriche, et l'autre sous celle de l'Angleterre. Il serait alors difficile que la France recouvrât l'influence qui, du temps de Louis XIV, s'étendait également sur la race druse et sur la race maronite.

Il ne m'appartient pas de me prononcer sur d'aussi graves intérêts. Je regretterai seulement de n'avoir point pris part dans le Liban à des luttes plus homériques.

Je dus bientôt quitter le prince pour me rendre sur un autre point de la montagne. Cependant la renommée de l'affaire de Bethmérie grandissait sur mon passage ; grace à l'imagination bouillante des moines italiens, ce combat contre des mûriers avait pris peu à peu les proportions d'une croisade.

LE PRISONNIER.

I. — LE MATIN ET LE SOIR.

Que dirons-nous de la jeunesse, ô mon ami ! Nous en avons passé les plus vives ardeurs, il ne nous convient plus d'en parler qu'avec modestie, et cependant à peine l'avons-nous connue ! à peine avons-nous compris qu'il fallait en arriver bientôt à chanter pour nous-mêmes l'ode d'Homère : *Eheu fugaces, Posthume...* si peu de temps après l'avoir expliquée. Ah ! l'étude nous a pris nos plus beaux instants ! Le grand résultat de tant d'efforts perdus, que de pouvoir, par exemple, comme je l'ai fait ce matin, comprendre le sens d'un chant grec qui résonnait à mes oreilles sortant de la bouche avinée d'un matelot levantin :

Nè kaliméra! nè orà kali!

Tel était le refrain que cet homme jetait avec insouciance au vent des mers, aux flots retentissants qui battaient la grève : « Ce n'est pas bonjour, ce n'est pas bonsoir! » Voilà le sens que je trouvais à ces paroles, et, dans ce que je pus saisir des autres vers de ce chant populaire, il y avait, je crois, cette pensée :

Le matin n'est plus, le soir pas encore!
Pourtant de nos yeux l'éclair a pâli;

et le refrain revenait toujours :

Nè kaliméra! nè orà kali!

mais, ajoutait la chanson :

Mais le soir vermeil ressemble à l'aurore,
Et la nuit, plus tard, amène l'oubli!

Triste consolation, que de songer à ces soirs vermeils de la vie et à la nuit qui les suivra! Nous arriverons bientôt à cette heure solennelle qui n'est plus le matin, qui n'est pas le soir, et rien au monde ne peut faire qu'il en soit autrement. Quel remède y trouverais-tu?

J'en vois un pour moi : c'est de continuer à vivre sur ce rivage d'Asie où le sort m'a jeté; il me semble, depuis peu de mois, que j'ai remonté le cercle de mes jours ; je me sens plus jeune, en effet je le suis, je n'ai que vingt ans !

J'ignore pourquoi en Europe on vieillit si vite ; nos plus belles années se passent au collége, loin des femmes, et à peine avons-nous eu le temps d'endosser la robe virile, que déjà nous ne sommes plus des jeunes gens. « La vierge des premières amours » nous accueille d'un ris moqueur, les belles dames plus usagées rêvent auprès de nous peut-être les vagues soupirs de Chérubin !

C'est un préjugé, n'en doutons pas, et surtout en Europe, où les Chérubins sont si rares. Je ne connais rien de plus gauche, de plus mal fait, de moins gracieux, en un mot, qu'un Européen de seize ans. Nous reprochons aux très-jeunes filles leurs mains rouges, leurs épaules maigres, leurs gestes anguleux, leur voix criade ; mais que dira-t-on de l'éphèbe aux contours chétifs qui fait chez nous le désespoir des conseils de révision ? Plus tard seulement les membres se modèlent, le galbe se prononce, les muscles et les chairs se jouent avec puissance sur l'appareil osseux de la jeunesse; l'homme est formé.

En Orient, les enfants sont moins jolis peut-être que chez nous ; ceux des riches sont bouffis, ceux des pauvres sont maigres avec un ventre énorme. en Égypte surtout ; mais généralement le second âge est beau dans les deux sexes. Les jeunes hommes ont l'air de femmes, et ceux qu'on voit vêtus de longs habits se distinguent à peine de leurs mères et de leurs sœurs ; mais par cela même l'homme n'est séduisant en réalité que quand les années lui ont donné une apparence plus mâle, un caractère de physionomie plus marqué. Un amoureux imberbe n'est point le fait des belles dames de l'Orient, de sorte qu'il y a une foule de chances, pour celui à qui les ans font une barbe majestueuse et bien fournie, d'être le point de mire de tous les yeux ardents qui luisent à travers les trous du *yamack*, ou dont le voile de gaze blanche estompe à peine la noirceur.

Et, songes-y bien, après cette époque où les joues se revêtent d'une épaisse toison, il en arrive une autre où l'embonpoint, faisant le corps plus beau sans doute, le rend souverainement inélégant sous les vêtements étriqués de l'Europe, avec lesquels l'Antinoüs lui-même aurait l'air d'un épais campagnard. C'est le moment où les robes flottantes, les vestes brodées, les caleçons à vastes plis et les larges ceintures hérissées d'armes des Levantins leur donnent justement l'aspect le plus majestueux. Avançons d'un lustre encore, voici les fils d'argents qui se mêlent à la barbe et qui envahissent la chevelure; cette dernière même s'éclaircit, et dès-lors l'homme le plus actif, le plus fort, le plus capable encore d'émotion et de tendresse, doit renoncer chez nous à tout espoir de devenir jamais un héros de roman. En Orient, c'est le bel instant de la vie; sous le tarbouch ou le turban, peu importe que la chevelure devienne rare ou grisonnante, le jeune homme lui-même n'a jamais pu prendre avantage de cette parure naturelle; elle est rasée; il ignore dès le berceau si la nature lui a fait les cheveux plats ou bouclés. Avec la barbe teinte au moyen d'une mixture persane, l'œil animé d'une légère teinte de bitume, un homme est, jusqu'à soixante ans, sûr de plaire, pour peu qu'il se sente capable d'aimer.

Oui, soyons jeunes en Europe tant que nous le pouvons, mais allons vieillir en Orient, le pays des hommes dignes de ce nom, la terre des patriarches! En Europe, où les institutions ont supprimé la force matérielle, la femme est devenue trop forte.

Avec toute la puissance de séduction, de ruse, de persévérance et de persuasion que le ciel lui a départie, la femme de nos pays est socialement l'égale de l'homme, c'est plus qu'il n'en faut pour que ce dernier soit toujours à coup sûr vaincu. J'espère que tu ne m'opposeras pas le tableau du bonheur des ménages parisiens pour me détourner d'un dessein où je fonde mon avenir; j'ai eu trop de regret déjà d'avoir laissé échapper une occasion pareille au Caire. Il faut que je m'unisse à quelque fille ingénue de ce sol sacré qui est notre première patrie à tous, que je me retrempe à ces sources vivifiantes de l'humanité, d'où ont découlé la poésie et les croyances de nos pères !

Tu ris de cet enthousiasme, qui, je l'avoue, depuis le commencement de mon voyage, a déjà eu plusieurs objets; mais songe bien aussi qu'il s'agit d'une résolution grave et que jamais hésitation ne fut plus naturelle. Tu le sais, et c'est ce qui a peut-être donné quelque intérêt jusqu'ici à mes confidences, j'aime à conduire ma vie comme un roman, et je me place volontiers dans la situation d'un de ces héros actifs et résolus qui veulent à tout prix créer autour d'eux le drame, le nœud, l'intérêt, l'action en un mot. Le hasard, si puissant qu'il soit, n'a jamais réuni les éléments d'un sujet passable, et tout au plus en a-t-il disposé la mise en scène; aussi, laissons-le faire, et tout avorte malgré les plus belles dispositions. Puisqu'il est convenu qu'il n'y a que deux sortes de dénoûments, le mariage ou la mort, visons du moins à l'un des deux... car jusqu'ici mes aventures se sont presque toujours arrêtées à l'exposition : à peine ai-je pu accomplir une pauvre existence, en accolant à ma fortune l'aimable esclave que m'a vendue Abd-el-Kerim. Cela n'était pas bien malaisé sans doute, mais encore fallait-il en avoir l'idée et surtout en avoir l'argent. J'y ai sacrifié tout l'espoir d'une tournée dans la Palestine qui était marquée sur mon itinéraire, et à laquelle il faut renoncer. Pour les cinq bourses que m'a coûtées cette fille dorée de la Malaisie, j'aurais pu visiter Jérusalem, Bethléem, Nazareth, et la mer Morte et le Jourdain ! Comme le prophète puni de Dieu, je m'arrête aux confins de la terre promise, et à peine puis-je, du haut de la montagne, y jeter un regard désolé. Les gens graves diraient ici qu'on a toujours tort d'agir autrement que tout le monde, et de vouloir faire le Turc quand on n'est qu'un simple Nazaréen d'Europe. Auraient-ils raison ? qui le sait ?

Sans doute je suis imprudent, sans doute je me suis attaché une grosse pierre au cou, sans doute encore j'ai encouru une grave responsabilité morale; mais ne faut-il pas aussi croire à la fatalité qui règle tout dans cette partie du monde? C'est elle qui a voulu que l'étoile de la pauvre Zeynad se rencontrât avec la mienne, que je changeasse, peut-être favorablement, les conditions de sa destinée! Une imprudence! vous voilà bien avec vos préjugés d'Europe! et qui sait si, prenant la route du désert, seul et plus riche de cinq bourses, je n'aurais pas été attaqué, pillé, massacré par une horde de Bédouins flairant de loin ma richesse! Va, toute chose est bien qui pourrait être pire, ainsi que l'a reconnu depuis longtemps la sagesse des nations.

Peut-être penses-tu, d'après ces préparations, que j'ai pris la résolution d'épouser l'esclave indienne et de me débarrasser, par un moyen si vulgaire, de mes scrupules de conscience. Tu me sais assez délicat pour ne pas avoir songé un seul instant à la revendre; je lui ai offert la liberté, elle n'en a pas voulu, et cela par une raison assez simple, c'est qu'elle ne saurait qu'en faire; de plus, je n'y joignais pas l'assaisonnement obligé d'un si beau sacrifice, à savoir une dotation propre à placer pour toujours la personne affranchie au-dessus du besoin, car on m'a expliqué que c'était l'usage en pareil cas. Pour te mettre au courant des autres difficultés de ma position, il faut que je dise ce qui m'est arrivé depuis peu.

II. — UNE VISITE A L'ÉCOLE FRANÇAISE.

J'étais retourné après une petite excursion dans la montagne à la pension de Mme Carlès, où j'avais placé la pauvre Zeynab, ne voulant pas l'emmener dans ces courses dangereuses.

C'était dans une de ces hautes maisons d'architecture italienne, dont les bâtiments à galerie intérieure encadrent un vaste espace, moitié terrasse, moitié cour, sur lequel flotte l'ombre d'un *tendido* rayé. La maison avait servi autrefois de consulat français, et l'on voyait encore sur les frontons des écussons à fleurs de lis, anciennement dorés. Des oranges et des grenadiers, plantés dans des trous ronds pratiqués entre les dalles de la cour, égayaient un peu ce lieu fermé de toutes parts à la nature extérieure. Un pan de ciel bleu dentelé par les frises, que traversaient de temps à autre les colombes de la mosquée voisine, tel était le seul horizon des pauvres écolières. J'entendis dès l'entrée le bourdonnement des leçons récitées, et, montant l'escalier du premier étage, je me trouvai dans l'une des galeries qui précédaient les appartements. Là, sur une natte des Indes, les petites filles formaient cercle, accroupies à la manière turque autour d'un divan où siégeait Mme Carlès. Les deux plus grandes étaient auprès d'elle, et dans l'une des deux je reconnus l'esclave, qui vint à moi avec de grands éclats de joie.

Mme Carlès se hâta de nous faire passer dans sa chambre, laissant sa place à l'autre *grande*, qui, par un premier mouvement naturel aux femmes du pays, s'était hâtée, à ma vue, de cacher sa figure avec son livre. Ce n'est donc pas, me disais-je, une chrétienne, car ces dernières se laissent voir sans difficulté dans l'intérieur des maisons. De longues tresses de cheveux blonds entremêlés de cordonnets de soie, des mains blanches aux doigts effilés, avec des ongles longs qui indiquent la race, étaient tout ce que je pouvais saisir de cette gracieuse apparition. J'y pris à peine garde; au reste, il me tardait d'apprendre comment l'esclave s'était trouvée dans sa position nouvelle. Pauvre fille! elle pleurait à chaudes larmes en me serrant la main contre son front. J'étais très-ému, sans savoir encore si elle avait quelque plainte à me faire, ou si ma longue absence était cause de cette effusion.

Je lui demandai si elle se trouvait bien dans cette maison. Elle se jeta au cou de sa maîtresse en disant que c'était sa mère.

— Elle est bien bonne, me dit Mme Carlès avec son accent provençal, mais elle ne veut rien faire; elle apprend bien quelques mots avec les petites, c'est tout. Si l'on veut la faire écrire ou lui apprendre à coudre, elle ne veut pas. Moi je lui ai dit : Je ne peux pas te punir; quand ton maître reviendra, il verra ce qu'il voudra faire.

Ce que m'apprenait là Mme Carlès me contrariait vivement, j'avais cru résoudre la question de l'avenir de cette fille en lui faisant apprendre ce qu'il fallait pour qu'elle trouvât plus tard à se placer et à vivre par elle-même; j'étais dans la position d'un père de famille qui voit ses projets renversés par le mauvais vouloir ou la paresse de son enfant. D'un autre côté, peut-être mes droits n'étaient-ils pas aussi bien fondés que ceux d'un père. Je pris l'air le plus sévère que je pus, et j'eus avec l'esclave l'entretien suivant, favorisé par l'intermédiaire de la maîtresse :

— Et pourquoi ne veux-tu pas apprendre à coudre ?

— Parce que, dès qu'on me verrait travailler comme une servante, on ferait de moi une servante.

— Les femmes des chrétiens, qui sont libres, travaillent sans être des servantes.

— Eh bien ! je n'épouserai pas un chrétien, dit l'esclave; chez nous, le mari doit donner une servante à sa femme.

J'allais lui répondre qu'étant esclave, elle était moins qu'une servante ; mais je me rappelai la distinction qu'elle avait établie déjà entre sa position de *cadine* (dame) et celle des *odaleuk*, destinées aux travaux.

— Pourquoi, repris-je, ne veux-tu pas non plus apprendre à écrire? On te montrerait ensuite à chanter et à danser ; ce n'est plus là le travail d'une servante.

— Non, mais c'est toute la science d'une *almée*, d'une baladine, et j'aime mieux rester ce que je suis.

On sait quelle est la force des préjugés sur l'esprit des femmes de l'Europe; mais il faut dire que l'ignorance et l'habitude de mœurs, appuyées sur une antique tradition, les rendent indestructibles chez les femmes de l'Orient. Elles consentent encore plus facilement à quitter leurs croyances qu'à abandonner des idées où leur amour-propre est intéressé. Aussi Mme Carlès me dit-elle : Soyez tranquille; une fois qu'elle sera devenue chrétienne, elle verra bien que les femmes de notre religion peuvent travailler sans manquer à leur dignité, et alors elle apprendra ce que nous voudrons. Elle est venue plusieurs fois à la messe au couvent des Capucins, et le supérieur a été très édifié de sa dévotion.

Mais cela ne prouve rien, dis-je; j'ai vu au Caire des santons et des derviches entrer dans les églises, soit par curiosité, soit pour entendre la musique, et marquer beaucoup de respect et de recueillement.

Il y avait sur la table, auprès de nous, un Nouveau-Testament en français; j'ouvris machinalement ce livre, et je trouvai en tête un portrait de Jésus-Christ, et plus loin un portrait de Marie. Pendant que j'examinais ces gravures, l'esclave vint près de moi, et me dit, en mettant le doigt sur la première : *Aïssé!* (Jésus), et sur la seconde : *Myriam!* (Marie.) Je rapprochai en souriant le livre ouvert de ses lèvres ; mais elle recula avec effroi en s'écriant : *Mafisch!* (non pas!)

— Pourquoi recules-tu ? lui dis-je ; n'honorez-vous pas, dans votre religion, *Aissé* comme un prophète, et *Myriam* comme l'une des trois femmes saintes ?

— Oui, dit-elle ; mais il a été écrit : « Tu n'adoreras pas les images. »

— Vous voyez, dis-je à Mme Carlès, que la conversion n'est pas bien avancée.

— Attendez, attendez, me dit Mme Carlès.

III. — L'AKKALÉ.

Je me levai en proie à une grande irrésolution. Je me comparais tout à l'heure à un père, et il est vrai que j'éprouvais un sentiment d'une nature pour ainsi dire *familiale* à l'égard de cette pauvre fille qui n'avait que moi pour appui. Voilà certainement le seul beau côté de l'esclavage tel qu'il est compris en Orient. L'idée de la possession, qui attache si fort aux objets matériels et aussi aux animaux, aurait-elle sur l'esprit une influence moins noble et moins vive en se portant sur des créatures pareilles à nous? Je ne voudrais pas appliquer cette idée aux malheureux esclaves noirs des pays chrétiens, et je parle ici seulement des esclaves que possèdent les Musulmans, et de qui la position est réglée par la religion et par les mœurs.

Je pris la main de la pauvre Zeynab, et je la regardai avec tant d'attendrissement, que Mme Carlès se trompa sans doute à ce témoignage.

— Voilà, dit-elle, ce que je lui fais comprendre : vois-tu bien, ma fille, si tu veux devenir chrétienne, ton maître t'épousera peut-être et il t'emmènera dans son pays.

— Oh! madame Carlès! m'écriai-je, n'allez pas si vite dans votre système de conversion. Quelle diable d'idée vous avez-là !

Je n'avais pas encore songé à cette solution..... Oui, sans doute, il est triste, au moment de quitter l'Orient pour l'Europe, de ne savoir trop que faire d'une esclave qu'on a achetée; mais l'épouser! ce serait beaucoup trop chrétien. Mme Carlès, vous n'y songez pas! Cette femme a dix-huit ans déjà, ce qui, pour l'Orient, est assez avancé; elle n'a plus que dix ans à être belle; après quoi, je serai, moi, jeune encore, l'époux d'une femme jaune qui a des soleils tatoués sur le front et sur la poitrine, et dans la narine gauche la boutonnière d'un anneau qu'elle y a porté. Songez un peu qu'elle est fort bien en costume levantin, mais qu'elle est affreuse avec les modes de l'Europe. Me voyez-vous entrer dans un salon avec une beauté qu'on pourrait suspecter de goûts anthropophages ! Cela serait fort ridicule et pour elle et pour moi.

Non, la conscience n'exige pas cela de moi, et l'affection ne m'en donne pas non plus le conseil. Cette esclave m'est chère sans doute, mais enfin elle a appartenu à d'autres maîtres. L'éducation lui manque, et elle n'a pas la volonté d'apprendre. Comment faire son égale d'une femme, non pas grossière ou sotte, mais certainement illettrée ? Comprendra-t-elle plus tard la nécessité de l'étude et du travail ? De plus, le dirai-je ? j'ai peur qu'il soit impossible qu'une sympathie très-grande s'établisse entre deux êtres de races si différentes que les nôtres.

Et pourtant je quitterai cette femme avec peine...

Explique qui pourra ces sentiments irrésolus, ces idées contraires, qui se mêlaient en ce moment-là dans mon cerveau. Je m'étais levé, comme pressé par l'heure, pour éviter de donner une réponse précise à Mme Carlès, et nous passions de sa chambre dans la galerie, où les jeunes filles continuaient à étudier sous la surveillance de la plus grande. L'esclave alla se jeter au cou de cette dernière, et l'empêcha ainsi de se cacher la figure, comme elle l'avait fait à mon arrivée. « *Ya makbouba!* c'est mon amie ! » s'écria-t-elle. Et la jeune fille, se laissant voir enfin d'assez bonne grâce, me permit d'admirer des traits où la blancheur européenne s'alliait au dessin pur de ce type aquilin qui, en Asie comme chez nous, a quelque chose de royal. Un air de fierté, tempéré par la grâce, répandait sur son visage quelque chose d'intelligent, et son sérieux habituel donnait du prix au sourire qu'elle m'adressa après que je l'eusse saluée. Mme Carlès me dit :

— C'est une pauvre fille bien intéressante, et dont le père est l'un des cheiks de la montagne. Malheureusement il s'est laissé prendre dernièrement par les Turcs. Il a été assez imprudent pour se hasarder dans Beyrouth à l'époque des troubles, et on l'a mis en prison parce qu'il n'avait pas payé l'impôt depuis 1840. Il ne voulait pas reconnaître les pouvoirs actuels ; c'est pourquoi le séquestre a été mis sur ses biens. Se voyant ainsi captif et abandonné de tous, il a fait venir sa fille, qui ne peut l'aller voir qu'une fois par jour ; le reste du temps elle demeure ici. Je lui apprends l'italien, et elle enseigne aux petites filles l'arabe littéral..... car c'est une savante. Dans sa nation, les femmes d'une certaine naissance peuvent s'instruire et même s'occuper des arts, ce qui, chez les musulmanes, est regardé comme la marque d'une condition inférieure.

— Mais quelle est donc sa nation ? dis-je.

— Elle appartient à la race des Druses, répondit Mme Carlès.

Je la regardai dès-lors avec plus d'attention. Elle vit bien que nous parlions d'elle, et cela parut l'embarrasser un peu. L'esclave s'était à demi-couchée à ses côtés sur le divan et jouait avec les longues tresses de sa chevelure. Mme Carlès me dit :

— Elles sont bien ensemble ; c'est comme le jour et la nuit. Cela les amuse de causer toutes deux, parce que les autres sont trop petites. Je dis quelquefois à la vôtre : Si au moins tu prenais modèle sur ton amie, tu apprendrais quelque chose... Mais elle n'est bonne que pour jouer et pour chanter des chansons toute la journée. Que voulez-vous ?

quand on les prend si tard, on ne peut plus rien en faire.

Je donnais peu d'attention à ces plaintes de la bonne Mme Carlès, accentuées toujours par sa prononciation provençale. Toute au soin de me montrer qu'elle ne devait pas être accusée du peu de progrès de l'esclave, elle ne voyait pas que j'eusse tenu surtout dans ce moment-là à être informé de ce qui concernait son autre pensionnaire. Toutefois je n'osais marquer trop clairement ma curiosité, je sentais qu'il ne fallait pas abuser de la simplicité d'une bonne femme habituée à recevoir des pères de famille, des ecclésiastiques et autres personnes graves... et qui ne voyait ne moi qu'un client également sérieux.

Appuyé sur la rampe de la galerie, l'air pensif et le front baissé, je profitais du temps que me donnait la faconde méridionale de l'excellente institutrice pour admirer le tableau charmant qui était devant mes yeux. L'esclave avait pris la main de l'autre jeune fille et en faisait la comparaison avec la sienne ; avec une gaieté imprévoyante, elle continuait cette pantomime en rapprochant ses tresses noires des cheveux blonds de sa voisine, qui souriait d'un tel enfantillage. Il est clair qu'elle ne croyait pas se nuire par ce parallèle, et ne cherchait qu'une occasion de jouer et de rire avec l'entraînement naïf des Orientaux ; pourtant ce spectacle avait un charme dangereux pour moi ; je ne tardai pas à l'éprouver.

— Mais, dis-je à Mme Carlès avec l'air d'une simple curiosité, comment se fait-il que cette pauvre fille druse se trouve dans une école chrétienne ?

— Il n'y a pas à Beyrouth d'institutions selon son culte ; les musulmans n'ont jamais eu d'asiles publics pour les femmes ; elle ne pouvait donc séjourner honorablement que dans une maison comme la mienne. Vous savez, du reste, que les Druses ont beaucoup de croyances semblables aux nôtres : ils admettent la Bible et les Evangiles, et prient sur les tombeaux de nos saints.

Je ne voulus pas, pour cette fois, questionner plus longuement Mme Carlès. Je sentais que les leçons étaient suspendues par ma visite, et les petites filles paraissaient causer entre elles avec surprise. Il fallait rendre cet asile à sa tranquillité habituelle ; il fallait aussi prendre le temps de réfléchir sur tout un monde d'idées nouvelles qui venait de surgir en moi.

Je pris congé de Mme Carlès, et lui promis de revenir la voir le lendemain.

En lisant les pages de ce journal, tu souris, n'est-ce pas? de mon enthousiasme pour une petite fille arabe rencontrée par hasard sur les bancs d'une classe; tu ne crois pas aux passions subites, tu me sais même assez éprouvé sur ce point pour n'en concevoir pas si légèrement de nouvelles; tu fais la part sans doute de l'entraînement, du climat, de la poésie des lieux, du costume, de toute cette mise en scène des montagnes et de la mer, de ces grandes impressions de souvenir et de localité qui échauffent d'avance l'esprit pour une illusion passagère. Il te semble, non pas que je suis épris, mais que je crois l'être... comme si ce n'était pas la même chose en résultat!

J'ai entendu des gens graves plaisanter sur l'amour que l'on conçoit pour des actrices, pour des reines, pour des femmes poètes, pour tout ce qui, selon eux, agite l'imagination plus que le cœur, et pourtant, avec de si folles amours, on aboutit au délire, à la mort, ou à des sacrifices inouïs de temps, de fortune et d'intelligence. Ah! je crois être amoureux, ah! je crois être malade, n'est-ce pas? Mais, si je crois l'être, je le suis!

Je te fais grace de mes émotions ; lis toutes les histoires d'amoureux possibles, depuis le recueil qu'en a fait Plutarque jusqu'à *Werther*, et si, dans notre siècle, il se rencontre encore de ceux-là, songe bien qu'ils n'en ont que plus de mérite pour avoir triomphé de tous les moyens d'analyse que nous présentent l'expérience et l'observation. Et maintenant échappons aux généralités.

En quittant la maison de Mme Carlès, j'ai emporté mon amour comme une proie dans la solitude. Oh ! que j'étais heureux de me voir une idée, un but, une volonté, quelque chose à rêver, à tâcher d'atteindre ! Ce pays qui a ranimé toutes les forces et les inspirations de ma jeunesse ne me devait pas moins sans doute ; j'avais bien senti déjà qu'en mettant le pied sur cette terre maternelle, en me replongeant aux sources vénérées de notre histoire et de nos croyances, j'allais arrêter le cours de mes ans, que je me refaisais enfant à ce berceau du monde, jeune encore au sein de cette jeunesse éternelle.

Préoccupé de ces pensées, j'ai traversé la ville sans prendre garde au mouvement habituel de la foule. Je cherchais la montagne et l'ombrage, je sentais que l'aiguille de ma destinée avait changé de place tout-à-coup ; il fallait longuement réfléchir et chercher des moyens de la fixer. Au sortir des portes fortifiées, par le côté opposé à la mer, on trouve des chemins profonds, ombragés de halliers et bordés par les jardins touffus des maisons de campagne ; plus haut, c'est le bois de pins parasols plantés, il y a deux siècles, pour empêcher l'invasion des sables qui menacent le promontoire de Beyrouth. Les troncs rougeâtres de cette plantation régulière, qui s'étend en quinconce sur un espace de plusieurs lieues, semblent les colonnes d'un temple élevé à l'universelle nature, et qui domine d'un côté la mer et de l'autre le désert, ces deux faces mornes du monde. J'étais déjà venu rêver dans ce lieu sans but défini, sans autre pensée que ces vagues problèmes philosophiques qui s'agitent toujours dans les cerveaux inoccupés en présence de tels spectacles. Désormais j'y apportais une idée féconde ; je n'étais plus seul, mon avenir se dessinait sur le fond lumineux de ce tableau : la femme idéale que chacun poursuit dans ses songes s'était réalisée pour moi ; tout le reste était oublié.

Je n'ose te dire quel vulgaire incident vint me tirer de ces hautes réflexions pendant que je foulais d'un pied superbe le sable rouge du sentier. Un énorme insecte le traversait, en poussant devant lui une boule plus grosse que lui-même : c'était une sorte d'escarbot qui me rappela les scarabées égyptiens, qui portent le monde au-dessus de leur tête. Tu me connais pour superstitieux, et tu penses bien que je tirai un augure quelconque de cette intervention symbolique tracée à travers mon chemin. Je revins sur mes pas avec la pensée d'un obstacle contre lequel il me faudrait lutter.

Je me suis hâté, dès le lendemain, de retourner chez Mme Carlès. Pour donner un prétexte à cette visite rapprochée, j'étais allé acheter au bazar des ajustements de femme, une *mandille* de Brousse, quelques pics de soie ouvragée en torsades et en festons pour garnir une robe et des guirlandes de petites fleurs artificielles que les Levantines mêlent à leur coiffure.

Lorsque j'apportai tout cela à l'esclave, que Mme Carlès, en me voyant arriver, avait fait entrer chez elle, celle-ci se leva en poussant des cris de joie et s'en alla dans la galerie faire voir ces richesses à son amie. Je l'avais suivie pour la ramener, en m'excusant près de Mme Carlès d'être cause de cette folie ; mais toute la classe s'unissait déjà dans le même sentiment d'admiration, et la jeune fille druse avait jeté sur moi un regard attentif et souriant qui m'allait jusqu'à l'âme. Que pense-t-elle? me disais-je; elle croira sans doute que je suis épris de mon esclave, et que ces ajustements sont des marques d'affection. Peut-être aussi tout cela est-il un peu brillant pour être porté dans une école; j'aurais dû choisir des choses plus utiles, par exemple des babouches; celles de la pauvre Zeynab ne sont plus d'une entière fraîcheur. Je remarquais même qu'il eût mieux valu lui acheter une robe neuve que des broderies à coudre aux siennes. Ce fut aussi l'observation que fit Mme Carlès, qui s'était unie avec bonhomie au mouvement que cet épisode avait produit dans sa classe :

— Il faudrait une bien belle robe pour des garnitures si brillantes!

— Vois-tu, dit-elle à l'esclave, si tu voulais apprendre à coudre, le *sidi* (seigneur) irait acheter au bazar sept à huit pics de taffetas, et tu pourrais te faire une robe de grande dame. Mais certainement l'esclave eût préféré la robe toute faite.

Il me sembla que la jeune fille druse jetait un regard assez triste sur ces ornements, qui n'étaient plus faits pour sa fortune, et qui ne l'étaient guère davantage pour celle que l'esclave pouvait tenir de moi; je les avais achetés au hasard, sans trop m'inquiéter des convenances et des possibilités. Il est clair qu'une garniture de dentelle appelle une robe de velours ou de satin; tel était à peu près l'embarras où je m'étais jeté imprudemment. De plus, je semblais jouer le rôle difficile d'un riche particulier, tout prêt à déployer ce que nous appelons un luxe asiatique, et qui, en Asie, donne l'idée plutôt d'un luxe européen.

Je crus m'apercevoir que cette supposition ne m'était pas, en général, défavorable. Les femmes sont, hélas! un peu les mêmes dans tous les pays. Mme Carlès eut peut-être aussi plus de considération pour moi dès-lors, et voulut bien ne voir qu'une simple curiosité de voyageur dans les questions que je lui fis sur la jeune fille druse. Je n'eus pas de peine non plus à lui faire comprendre que le peu qu'elle m'en avait dit le premier jour avait excité mon intérêt pour l'infortune du père.

— Il ne serait pas impossible, dis-je à l'institutrice, que je fusse de quelque utilité à ces personnes; je connais un des employés du pacha, de plus vous savez qu'un Européen un peu connu a de l'influence sur les consuls.

— Oh! oui, faites cela si vous pouvez, me dit

Mme Carlès avec sa vivacité provençale; elle le mérite bien, et son père aussi sans doute. C'est ce qu'ils appellent un *akkal*, un homme saint, un savant, et sa fille, qu'il a instruite, a déjà le même titre parmi les siens, *akkalé-siti* (dame spirituelle).

— Mais ce n'est que son surnom, dis-je; elle en a un autre encore?

— Elle s'appelle Salèma; l'autre nom lui est commun avec toutes les autres femmes qui appartiennent à l'ordre religieux. La pauvre enfant, ajouta Mme Carlès, j'ai fait ce que j'ai pu pour l'amener à devenir chrétienne, mais elle dit que sa religion c'est la même chose; elle croit tout ce que nous croyons, et elle vient à l'église comme les autres.... Eh bien! que voulez-vous que je vous dise? ces gens-là sont de même avec les Turcs; votre esclave, qui est musulmane, me dit qu'elle respecte aussi leurs croyances, de sorte que je finis par ne plus lui en parler. Et pourtant, quand on croit à tout, on ne croit à rien! Voilà ce que je dis.

IV. — LE CHEIK DRUSE.

Je me hâtai, en quittant la maison, d'aller au

palais du pacha, pressé que j'étais de me rendre utile à la jeune akkalé-siti. Je trouvai mon ami l'Arménien à sa place ordinaire, dans le serdar ou salle d'attente, et je lui demandai ce qu'il savait sur la détention d'un chef druse emprisonné pour n'avoir pas payé l'impôt. « Oh ! s'il n'y avait que cela, me dit-il, je doute que l'affaire fût grave, car aucun des cheiks druses n'a payé le miri depuis trois ans. Il faut qu'il s'y joigne quelque méfait particulier. »

Il alla prendre quelques informations près des autres employés, et revint bientôt m'apprendre qu'on accusait le cheik Seïd-Eschrazy d'avoir fait parmi les siens des prédications séditieuses. C'est un homme dangereux dans les temps de troubles, ajouta l'Arménien. Du reste, le pacha de Beyrouth ne peut pas le mettre en liberté ; cela dépend du pacha d'Acre.

— Du pacha d'Acre ! m'écriai-je ; mais c'est le même pour lequel j'ai une lettre, et que j'ai connu personnellement à Paris !

Et je montrai une telle joie de cette circonstance, que l'Arménien me crut fou. Il était loin, certes, d'en soupçonner le motif.

Rien n'ajoute de force à un amour commençant

comme ces circonstances inattendues qui, si peu importantes qu'elles soient, semblent indiquer l'action de la destinée. Fatalité ou providence, il semble que l'on voie paraître sous la trame uniforme de la vie, certaine ligne tracée sur un patron invisible, et qui indique une route à suivre sous peine de s'égarer. Aussitôt je m'imagine qu'il était écrit de tout temps que je devais me marier en Syrie; que le sort avait tellement prévu ce fait immense, qu'il n'avait fallu rien moins pour l'accomplir que mille circonstances enchaînées bizarrement dans mon existence, et dont, sans doute, je m'exagérais les rapports.

Par les soins de l'Arménien, j'obtins facilement une permission pour aller visiter la prison d'état, située dans un groupe de tours qui fait partie de l'enceinte orientale de la ville. Je m'y rendis avec lui, et, moyennant le *bakchis* donné aux gens de la maison, je pus faire demander au cheik druse s'il lui convenait de me recevoir. La curiosité des Européens est tellement connue et acceptée des gens de ce pays, que cela ne fit aucune difficulté. Je m'attendais à trouver un réduit lugubre, des murailles suintantes, des cachots; mais il n'y avait rien de semblable dans la partie des prisons qu'il me fit voir. Cette demeure ressemblait parfaitement aux autres maisons de Beyrouth, ce qui n'est pas faire absolument leur éloge; il n'y avait de plus que des surveillants et des soldats.

Le cheik, maître d'un appartement complet, avait la faculté de se promener sur les terrasses. Il nous reçut dans une salle servant de parloir, et fit apporter du café et des pipes par un esclave qui lui appartenait. Quant à lui-même, il s'abstenait de fumer, selon l'usage des akkals. Lorsque nous eûmes pris place et que je pus le considérer avec attention, je m'étonnai de le trouver si jeune; il me paraissait à peine plus âgé que moi. Des traits nobles et mâles traduisaient dans un autre sexe la physionomie de sa fille; le timbre pénétrant de sa voix me frappa fortement par la même raison.

J'avais, sans trop de réflexion, désiré cette entrevue, et déjà je me sentais ému et embarrassé plus qu'il ne convenait à un visiteur simplement curieux; l'accueil simple et confiant du cheik me rassura. J'étais au moment de lui dire à fond ma pensée; mais les expressions que je cherchais pour cela ne faisaient que m'avertir de la singularité de ma démarche. Je me bornai donc pour cette fois à une conversation de touriste. Il avait vu déjà dans sa prison plusieurs Anglais, et était fait aux interrogations sur sa race et sur lui-même.

Sa position, du reste, le rendait fort patient et assez désireux de conversation et de compagnie. La connaissance que j'avais déjà de l'histoire de son pays me servait surtout à lui prouver que je n'étais guidé que par un motif de science. Sachant combien on avait de peine à faire donner aux Druses des détails sur leur religion, j'employais simplement la formule semi-interrogative : Est il vrai que ?... et je développais toutes les assertions de Niebuhr, de Volney et de Sacy. Le Druse secouait la tête avec la réserve prudente des Orientaux, et me disait simplement : « Comment ? Cela est-il ainsi ? Les chrétiens sont-ils aussi savants ?... De quelle manière a-t-on pu savoir cela ? » et autres phrases évasives.

Je vis bien qu'il n'y avait pas grand'chose de plus à en tirer pour cette fois. Notre conversation s'était faite en italien, qu'il parlait assez purement. Je lui demandai la permission de le revenir voir pour lui soumettre quelques fragments d'une histoire du grand émir Fakardin dont je lui dis que je m'occupais. Je supposais que l'amour-propre national le conduirait du moins à rectifier les faits peu favorables à son peuple. Je ne me trompais pas. Il comprit peut-être que, dans une époque où l'Europe a tant d'influence sur la situation des peuples orientaux, il convenait d'abandonner un peu cette prétention à une doctrine secrète qui n'a pu résister à la pénétration de nos savants.

— Songez donc, lui dis-je, que nous possédons dans nos bibliothèques une centaine de vos manuscrits religieux qui tous ont été lus, traduits, commentés.

— Notre Seigneur est grand ! dit-il en soupirant.

Je crois bien qu'il me prit cette fois pour un missionnaire, mais il n'en marqua rien extérieurement, et m'engagea vivement à le revenir voir, puisque j'y trouvais quelque plaisir.

Je ne puis te donner qu'un résumé des entretiens que j'eus avec le cheik druse, et dans lesquels il voulut bien rectifier les idées que je m'étais formées de sa religion d'après des fragments de livres arabes, traduits au hasard et commentés par les savants de l'Europe. Autrefois ces choses étaient secrètes pour les étrangers, et les Druses cachaient leurs livres avec soin dans les lieux les plus retirés de leurs maisons et de leurs temples.

C'est pendant les guerres qu'ils eurent à soutenir, soit contre les Turcs, soit contre les Maronites, qu'on parvint à réunir un grand nombre de ces manuscrits et à se faire une idée de l'ensemble du dogme; mais il était impossible qu'une religion établie depuis huit siècles n'eût pas produit un fatras de dissertations contradictoires, œuvres des sectes diverses et des phases successives amenées par le temps. Certains écrivains y ont donc vu un monument des plus compliqués de l'extravagance humaine; d'autres ont exalté le rapport qui existe entre la religion druse et la doctrine des initiations antiques. Les Druses ont été comparés successivement aux pythagoriciens, aux esséniens, aux gnostiques, et il semble aussi que les templiers, les rose-croix et les francs-maçons modernes leur aient emprunté beaucoup d'idées. On ne peut douter que les écrivains des croisades ne les aient confondus souvent avec les Ismaéliens, dont une secte a été cette fameuse association des assassins qui fut un instant la terreur de tous les souverains du monde; mais ces derniers occupaient le Curdistan, et leur *cheik-el-djebel*, ou vieux de la montagne, n'a aucun rapport avec le *prince de la montagne* du Liban.

La religion des Druses a cela de particulier, qu'elle prétend être la dernière révélée au monde.

En effet, son messie apparut vers l'an 1000, près de quatre cents ans après Mahomet. Comme le nôtre, il s'incarna dans le corps d'un homme; mais il ne choisit pas mal son enveloppe et pouvait bien mener l'existence d'un dieu, même sur la terre, puisqu'il n'était rien moins que le commandeur des croyants, le calife d'Égypte et de Syrie, près duquel tous les autres princes de la terre faisaient une bien pauvre figure en ce glorieux an 1000. A l'époque de sa naissance, toutes les planètes se trouvaient réunies dans le signe du cancer, et l'étincelant *Pharouïs* (Saturne) présidait à l'heure où il entra dans le monde. En outre, la nature lui avait tout donné pour soutenir un tel rôle : il avait la face d'un lion, la voix vibrante et pareille au tonnerre, et l'on ne pouvait supporter l'éclat de son œil d'un bleu sombre.

Il semblerait difficile qu'un souverain doué de tous ces avantages ne pût faire croire sur parole en annonçant qu'il est Dieu. Cependant Hakem ne put trouver dans son propre peuple qu'un petit nombre de sectateurs. En vain fit-il fermer les mosquées, les églises et les synagogues, en vain établit-il des maisons de conférences où des docteurs à ses gages démontraient sa divinité : la conscience populaire repoussait le dieu, tout en respectant le prince. L'héritier puissant des Fatimites obtint moins de pouvoir sur les ames que n'en eut à Jérusalem le fils du charpentier, et à Médine le chamelier Mahomet. L'avenir seulement lui gardait un peuple de croyants fidèles, qui, si peu nombreux qu'il soit, se regarde, ainsi qu'autrefois le peuple hébreu, comme dépositaire de la vraie loi, de la règle éternelle, des arcanes de l'avenir. Dans un temps rapproché, Hakem doit reparaître sous une forme nouvelle et établir partout la supériorité de son peuple, qui succédera en gloire et en puissance aux musulmans et aux chrétiens. L'époque fixée par les livres druses est celle où les chrétiens auront triomphé des musulmans dans tout l'Orient. On voit déjà qu'elle ne peut être éloignée.

Lady Stanhope, qui vivait dans le pays des Druses et qui, peu à peu s'était infatuée de leurs idées, avait, comme l'on sait, dans sa cour un cheval tout préparé pour le *Mahdi*, qui est ce même personnage apocalyptique, et qu'elle espérait accompagner dans son triomphe. On sait que ce vœu a été déçu. Cependant le cheval futur du Mahdi, qui porte sur le dos une selle naturelle formée par des replis de la peau, existe encore et a été racheté par un des cheiks druses.

Avons-nous le droit de voir dans tout cela des folies? Au fond, il n'y a pas une religion moderne qui ne présente des conceptions semblables. Disons plus, la croyance des Druses n'est qu'un syncrétisme de toutes les religions et de toutes les philosophies antérieures.

Les Druses ne reconnaissent qu'un seul dieu, qui est Hakem; seulement ce Dieu, comme le Boudda des Indous, s'est manifesté au monde sous plusieurs formes différentes. Il s'est incarné dix fois en différents lieux de la terre : dans l'Inde d'abord, en Perse plus tard, dans l'Iémen, à Tunis et ailleurs encore. C'est ce qu'on appelle les *stations*. Hakem se nomme au ciel *Albar*.

Après lui, viennent cinq ministres, émanations directes de la Divinité, dont les noms d'anges sont Gabriel, Michel, Israfil, Azariel et Métatron; on les appelle symboliquement l'Intelligence, l'Ame, la Parole, le Précédant et le Suivant. Trois autres ministres d'un degré inférieur s'appellent, au figuré, l'Application, l'Ouverture et le Fantôme; ils ont, en outre, des noms d'hommes qui s'appliquent à leurs incarnations diverses, car eux aussi interviennent de temps en temps dans le grand drame de la vie humaine.

Ainsi, dans le catéchisme druse, le principal ministre, nommé Hamza, qui est le même que Gabriel, est regardé comme ayant paru sept fois ; il se nommait Schatnil à l'époque d'Adam, plus tard Pythagore, David, Schoaïb ; du temps de Jésus, il était le vrai messie et se nommait Éléazar ; du temps de Mahomet, on l'appelait Salman-el-Farési, et enfin, sous le nom d'Hamza, il fut le prophète de Hakem, calife et dieu, et fondateur réel de la religion druse.

Voilà, certes, une croyance où le ciel se préoccupe constamment de l'humanité. Les époques où ces puissances interviennent s'appellent *révolutions*. Chaque fois que la race humaine se fourvoie et tombe trop profondément dans l'oubli de ses devoirs, l'Être suprême et ses anges se font hommes, et, par les seuls moyens humains, rétablissent l'ordre dans les choses.

C'est toujours au fond l'idée chrétienne avec une intervention plus fréquente de la Divinité, mais l'idée chrétienne sans Jésus, car les Druses supposent que les apôtres ont livré aux Juifs un faux messie, qui s'est dévoué pour cacher l'autre ; le véritable (Hamza) se trouvait au nombre des disciples, sous le nom d'Éléazar, et ne faisait que souffler sa pensée à Jésus, fils de Joseph. Quant aux évangélistes, ils les appellent *les pieds de la sagesse*, et ne font à leurs récits que cette seule variante. Il est vrai qu'elle supprime l'adoration de la croix et la pensée d'un Dieu immolé par les hommes.

Maintenant, par ce système de révélations religieuses qui se succèdent d'époque en époque, les Druses admettent aussi l'idée musulmane, mais sans Mahomet. C'est encore Hamza qui, sous le nom de Salman-el-Farési, a semé cette parole nouvelle. Plus tard, la dernière incarnation de Hakem et d'Hamza est venue coordonner les dogmes divers révélés au monde sept fois depuis Adam, et qui se rapportent aux époques d'Hénoch, de Noé, d'Abraham, de Moïse, de Pythagore, du Christ et de Mahomet.

On voit que toute cette doctrine repose au fond sur une interprétation particulière de la Bible, car il n'est question dans cette chronologie d'aucune divinité des idolâtres, et Pythagore en est le seul personnage qui s'éloigne de la tradition mosaïque. On peut s'expliquer aussi comment cette série de croyances a pu faire passer les Druses tantôt pour Turcs, tantôt pour chrétiens.

Nous avons compté huit personnages célestes qui interviennent dans la foule des hommes, les uns luttant comme le Christ par la parole, les autres par l'épée comme les dieux d'Homère. Il existe nécessairement aussi des anges de ténèbres qui remplissent un rôle tout opposé. Aussi, dans l'histoire du monde qu'écrivent les Druses, voit-on chacune des sept périodes offrir l'intérêt d'une action grandiose, où ces éternels ennemis se cherchent sous ce masque humain, et se reconnaissent à leur supériorité ou à leur haine.

Ainsi l'esprit du mal sera tour à tour Eblis ou le serpent, Méthouzaël, le roi de la ville des géants, à l'époque du déluge; Nemrod, du temps d'Abraham; Pharaon, du temps de Moïse; plus tard, Antiochus, Hérode et autres monstrueux tyrans, secondés d'acolytes sinistres, qui renaissent aux mêmes époques pour contrarier le règne du Seigneur. Selon quelques sectes, ce retour est soumis à un cycle millénaire que ramène l'influence de certains astres; dans ce cas, on ne compte pas l'époque de Mahomet comme grande révolution périodique; le drame mystique qui renouvelle à chaque fois la face du monde est tantôt le paradis perdu, tantôt le déluge, tantôt la fuite d'Égypte, tantôt le règne de Salomon ; la mission du Christ et le règne de Hakem en forment les deux derniers tableaux. A ce point de vue, le Mahdi ne pourrait maintenant reparaître qu'en l'an 2000.

Dans toute cette doctrine, on ne trouve point trace du péché originel ; il n'y aussi ni paradis pour les justes, ni enfer pour les méchants. La récompense et l'expiation ont lieu sur la terre par le retour des ames dans d'autres corps. La beauté, la richesse, la puissance, sont données aux élus ; les infidèles sont les esclaves, les malades, les souffrants. Une vie pure peut cependant les replacer encore au rang dont ils sont déchus, et faire tomber à leur place l'élu trop fier de sa prospérité.

Quant à la transmigration, elle s'opère d'une manière fort simple. Le nombre des hommes est constamment le même sur la terre. A chaque seconde, il en meurt un et il en naît un autre ; l'ame qui fuit est appelée magnétiquement dans le rayon du corps qui se forme, et l'influence des astres règle providentiellement cet échange de destinées ; mais les hommes n'ont pas, comme les esprits célestes, le conscience de leurs migrations. Les fidèles peuvent cependant, en s'élevant par les neuf degrés de l'initiation, arriver peu à peu à la connaissance de toutes choses et d'eux-mêmes. C'est là le bonheur réservé aux akkals (spirituels), et tous les Druses peuvent s'élever à ce rang par l'étude et par la vertu. Ceux au contraire qui ne font que suivre la loi sans prétendre à la sagesse s'appellent *djahels*, c'est-à-dire ignorants. Ils conservent toujours la chance de s'élever dans une autre vie et d'épurer leurs ames trop attachées à la matière.

Quant aux chrétiens, juifs, mahométans et idolâtres, on comprend bien que leur position est fort inférieure. Cependant il faut dire, à la louange de la religion druse, que c'est la seule peut-être qui ne dévoue pas ses ennemis aux peines éternelles. Lorsque le messie aura reparu, les Druses seront établis dans toutes les royautés, gouvernements et propriétés de la terre en raison de leurs mérites, et les autres peuples passeront à l'état de valets, d'esclaves et d'ouvriers ; enfin ce sera la plèbe vulgaire. Le cheik m'assurait à ce propos que les chrétiens ne seraient pas les plus maltraités. Espérons donc que les Druses seront bons maîtres.

Ces détails m'intéressaient tellement, que je voulus connaître enfin la vie de cet illustre Hakem, que les historiens ont peint comme un fou furieux, mi-partie de Néron et d'Héliogabale. Je comprenais bien qu'au point de vue des Druses sa conduite devait s'expliquer d'une tout autre manière.

Le bon cheik ne se plaignait pas trop de mes visites fréquentes ; de plus il savait que je pouvais lui être utile auprès du pacha d'Acre. Il a donc bien voulu me raconter, avec toute la pompe romanesque du génie arabe, cette histoire d'Hakem que je transcris telle à peu près qu'il me l'a dite. En Orient tout devient conte.

Il ne faut pas croire cependant que ceci fasse suite aux *Mille et une nuits*. Les faits sont fondés sur les traditions les plus authentiques.

HISTOIRE DU CALIFE HAKEM.

I. — *Le Hachich.*

Sur la rive droite du Nil à quelque distance du port de Fostat, où se trouvent les ruines du vieux Caire, non loin de la montagne du Mokattam, qui domine la ville nouvelle, il y avait quelque temps après l'an 1000 des chrétiens, qui se rapporte au ive siècle de l'hégire musulmane, un petit village habité en grande partie par des gens de la secte des sabéens.

Des dernières maisons qui bordent le fleuve, on jouit d'une vue charmante; le Nil enveloppe de ses flots caressant l'île de Rodda, qu'il a l'air de soutenir comme une corbeille de fleurs qu'un esclave porterait dans ses bras. Sur l'autre rive, on aperçoit Gizeh, et le soir, lorsque le soleil vient de disparaître, les pyramides déchirent de leurs triangles gigantesques la bande de brume violette du couchant. Les têtes des palmiers-doums, des sycomores et des figuiers de Pharaon se détachent en noir sur ce fond clair. Des troupeaux de buffles que semble garder de loin le sphinx, allongé dans la plaine comme un chien en arrêt, descendent par longues files à l'abreuvoir, et les lumières des pêcheurs piquent d'étoiles d'or l'ombre opaque des berges.

Au village des sabéens, l'endroit où l'on jouissait le mieux de cette perspective était un *okel* aux blanches murailles, ombragé d'un immense caroubier, dont la terrasse avait le pied dans l'eau, et dont toutes les nuits les bateliers qui descendaient ou remontaient le Nil pouvaient voir trembloter les veilleuses.

A travers les baies des arcades, un curieux placé dans une cange au milieu du fleuve aurait aisément discerné dans l'intérieur de l'okel, les voyageurs et les habitués assis devant de petites tables sur des cages de bois de palmier ou de divans recouverts de nattes, et se fût assurément étonné de leur aspect étrange. Leurs gestes extravagants suivis d'une immobilité stupide, les rires insensés, les cris inarticulés qui s'échappaient par instants de leur poitrine, lui eussent fait deviner une de ces maisons où, bravant les défenses, les infidèles vont s'enivrer de vin, de *bouza* (bière) ou de hachich.

Un soir, une barque dirigée avec la certitude que donne la connaissance des lieux, vint aborder dans l'ombre de la terrasse, au pied d'un escalier dont l'eau baisait les premières marches, et il s'en élança un jeune homme de bonne mine, qui semblait un pêcheur, et qui, montant les degrés d'un pas ferme et rapide, s'assit dans l'angle de la salle à une place qui paraissait la sienne. Personne ne fit attention à sa venue ; c'était évidemment un habitué.

Au même moment, par la porte opposée, c'est-à-dire du côté de terre, entrait un homme vêtu d'une tunique de laine noire, portant, contre la coutume, de longs cheveux sous un *takieh* (bonnet blanc).

Son apparition inopinée causa quelque surprise. Il s'assit dans un coin à l'ombre, et, l'ivresse générale reprenant le dessus, personne bientôt ne fit attention à lui. Quoique ses vêtements fussent misérables, le nouveau-venu ne portait pas sur sa figure l'humilité inquiète de la misère. Ses traits, fermement dessinés, rappelaient les lignes sévères du masque léonin. Ses yeux, d'un bleu sombre comme celui du saphir, avaient une puissance indéfinissable ; ils effrayaient et charmaient à la fois.

Yousouf, c'était le nom du jeune homme amené par la cange, se sentit tout de suite au cœur une sympathie secrète pour l'inconnu dont il avait remarqué la présence inaccoutumée. N'ayant pas encore pris part à l'orgie, il se rapprocha du divan sur lequel s'était accroupi l'étranger.

— Frère, dit Yousouf, tu parais fatigué ; sans doute tu viens de loin ? Veux-tu prendre quelque rafraîchissement ?

— En effet, ma route a été longue, répondit l'étranger. Je suis entré dans cet okel pour me reposer ; mais que pourrais-je boire ici, où l'on ne sert que des breuvages défendus ?

— Vous autres musulmans, vous n'osez mouiller vos lèvres que d'eau pure ; mais nous, qui sommes de la secte des sabéens, nous pouvons, sans offenser notre loi, nous désaltérer du généreux sang de la vigne ou de la blonde liqueur de l'orge.

— Je ne vois pourtant devant toi aucune boisson fermentée ?

— Oh ! il y a longtemps que j'ai dédaigné leur ivresse grossière, dit Yousouf en faisant signe à un noir qui posa sur la table deux petites tasses de verre entourées de filigrane d'argent et une boîte remplie d'une pâte verdâtre où trempait une spatule d'ivoire. Cette boîte contient le paradis promis par ton prophète à ses croyants, et, si tu n'étais pas si scrupuleux, je te mettrais dans une heure aux bras des houris sans te faire passer sur le pont d'Alsirat, continua en riant Yousouf.

— Mais cette pâte est du hachich, si je ne me trompe, répondit l'étranger en repoussant la tasse dans laquelle Yousouf avait déjà déposé une portion de la fantastique mixture, et le hachich est prohibé.

— Tout ce qui est agréable est défendu, dit Yousouf en avalant une première cuillerée.

L'étranger fixa sur lui ses prunelles d'un azur sombre, la peau de son front se contracta avec des plis si violents, que sa chevelure en suivait les ondulations ; un moment on eût dit qu'il voulait s'élancer sur l'insouciant jeune homme et le mettre en pièces ; mais il se contint, ses traits se détendirent, et, changeant subitement d'avis, il allongea la main, prit la tasse, et se mit à déguster lentement la pâte verte.

Au bout de quelques minutes, les effets du hachich commençaient à se faire sentir sur Yousouf et sur l'étranger; une douce langueur se répandait dans tous leurs membres, un vague sourire voltigeait sur leurs lèvres. Quoiqu'ils eussent à peine passé une demi-heure l'un près de l'autre, il leur semblait se connaître depuis mille ans. La drogue agissant avec plus de force sur eux, ils commencèrent à rire, à s'agiter et à parler avec une volubilité extrême, l'étranger surtout, qui, strict observateur des défenses, n'avait jamais goûté de cette préparation et en ressentait vivement les effets. Il paraissait en proie à une exaltation extraordinaire; des essaims de pensées nouvelles, inouies, inconcevables, traversaient son ame en tourbillons de feu, ses yeux étincelaient comme éclairés intérieurement par le reflet d'un monde inconnu, une dignité surhumaine relevait son maintien, puis la vision s'éteignait, et il se laissait aller mollement sur les carreaux à toutes les béatitudes du kief.

— Eh bien! compagnon, dit Yousouf, saisissant cette intermittence dans l'ivresse de l'inconnu, que te semble de cette honnête confiture aux pistaches ? Anathématiseras-tu toujours les braves gens qui se réunissent tranquillement dans une salle basse pour être heureux à leur manière !

— Le hachich rend pareil à Dieu, répondit l'étranger d'une voix lente et profonde.

— Oui, répliqua Yousouf avec enthousiasme ; les buveurs d'eau ne connaissent que l'apparence grossière et matérielle des choses. L'ivresse, en troublant les yeux du corps, éclaircit ceux de l'ame ; l'esprit, dégagé du corps, son pesant geôlier, s'enfuit comme un prisonnier dont le gardien s'est endormi, laissant la clé à la porte du cachot. Il erre joyeux et libre dans l'espace et la lumière, causant familièrement avec les génies qu'il rencontre et qui l'éblouissent de révélations soudaines et charmantes. Il traverse d'un coup d'aile facile des atmosphères de bonheur indicible et cela dans l'espace d'une minute qui semble éternelle, tant ces sensations s'y succèdent avec rapidité. Moi j'ai un rêve qui reparaît sans cesse, toujours le même et toujours varié : lorsque je me retire dans ma cange, chancelant sous la splendeur de mes visions, fermant la paupière à ce ruissellement perpétuel d'hyacinthes, d'escarboucles, d'émeraudes, de rubis, qui forment le fond sur lequel le hachich dessine des fantaisies merveilleuses, comme au sein de l'infini j'aperçois une figure céleste, plus belle que toutes les créations des poètes, qui me sourit avec une pénétrante douceur, et qui descend des cieux pour venir jusqu'à moi. Est-ce un ange, une péri? Je ne sais. Elle s'assied à mes côtés dans la barque, dont le bois grossier se change aussitôt en nacre de perle et flotte sur une rivière d'argent, poussée par une brise chargée de parfums.

— Heureuse et singulière vision! murmura l'étranger en balançant la tête.

— Ce n'est pas là tout, continua Yousouf. Une nuit, j'avais pris une dose moins forte; je me réveillai de mon ivresse, lorsque ma cange passait à la pointe de l'île de Rodda. Une femme semblable à celle de mon rêve penchait sur moi des yeux qui, pour être humains, n'en avaient pas moins un éclat céleste; son voile entr'ouvert laissait flamboyer aux rayons de la lune une veste raide de pierreries. Ma main rencontra la sienne; sa peau douce, onctueuse et fraîche comme une pétale de fleur, ses bagues, dont les ciselures m'effleurèrent, me convainquirent de la réalité.

— Près de l'île de Rodda, se dit l'étranger d'un air méditatif.

— Je n'avais pas rêvé, poursuivit Yousouf sans prendre garde à la remarque de son confident improvisé; le hachich n'avait fait que développer un souvenir enfoui au plus profond de mon âme, car ce visage divin m'était connu. Par exemple, où l'avais-vu déjà? dans quel monde nous étions-nous rencontrés? quelle existence antérieure nous avait mis en rapport? C'est ce que je ne saurais dire; mais ce rapprochement si étrange, cette aventure si bizarre ne me causait aucune surprise : il me paraissait tout naturel que cette femme, qui réalisait si complètement mon idéal, se trouvât là dans ma cange, au milieu du Nil, comme si elle se fût élancée du calice d'une de ces larges fleurs qui montent à la surface des eaux. Sans lui demander aucune explication, je me jetai à ses pieds et, comme à la péri de mon rêve, je lui adressai tout ce que l'amour dans son exaltation peut imaginer de plus brûlant et de plus sublime; il me venait des paroles d'une signification immense, des expressions qui renfermaient des univers de pensées, des phrases mystérieuses où vibrait l'écho des mondes disparus. Mon âme se grandissait dans le passé et dans l'avenir; l'amour que j'exprimais, j'avais la conviction de l'avoir ressenti de toute éternité.

A mesure que je parlais, je voyais ses grands yeux s'allumer et lancer des effluves; ses mains transparentes s'étendaient vers moi s'effilant en rayons de lumière. Je me sentais enveloppé d'un réseau de flamme et je retombais malgré moi de la veille dans le rêve. Quand je pus secouer l'invincible et délicieuse torpeur qui liait mes membres, j'étais sur la rive opposée à Gizeh, adossé à un palmier, et mon noir dormait tranquillement à côté de la cange qu'il avait tirée sur le sable. Une lueur rose frangeait l'horizon ; le jour allait paraître.

— Voilà un amour qui ne ressemble guère aux amours terrestres, dit l'étranger sans faire la moindre objection aux impossibilités du récit d'Yousouf, car le hachich rend facilement crédule aux prodiges.

— Cette histoire incroyable, je ne l'ai jamais dite à personne; pourquoi te l'ai-je confiée à toi que je n'ai jamais vu ? Il me paraît difficile de l'expliquer. Un attrait mystérieux m'entraîne vers toi. Quand tu as pénétré dans cette salle, une voix a crié au fond de mon ame : « Le voilà donc enfin. »

Ta venue a calmé une inquiétude secrète qui ne me laissait aucun repos. Tu es celui que j'attendais sans le savoir. Mes pensées s'élancent au-devant de toi, et j'ai dû te raconter tous les mystères de mon cœur.

— Ce que tu éprouves, répondit l'étranger, je le sens aussi, et je vais te dire ce que je n'ai pas même osé m'avouer jusqu'ici. Tu as une passion impossible, moi j'ai une passion monstrueuse ; tu aimes une péri, moi j'aime... tu vas frémir... ma sœur ! et cependant, chose étrange, je ne puis éprouver aucun remords de ce penchant illégitime ; j'ai beau me condamner, je suis absous par un pouvoir mystérieux que je sens en moi. Mon amour n'a rien des impuretés terrestres. Ce n'est pas la volupté qui me pousse vers ma sœur, bien qu'elle égale en beauté le fantôme de mes visions; c'est un attrait indéfinissable, une affection profonde comme la mer, vaste comme le ciel, et telle que pourrait l'éprouver un dieu. L'idée que ma sœur pourrait s'unir à un homme m'inspire le dégoût et l'horreur comme un sacrilége ; il y a chez elle quelque chose de céleste que je devine à travers les voiles de la chair. Malgré le nom dont la terre la nomme, c'est l'épouse de mon ame divine, la vierge qui me fut destinée dès les premiers jours de la création ; par instants je crois ressaisir à travers les âges et les ténèbres des apparences de notre filiation secrète. Des scènes qui se passaient avant l'apparition des hommes sur la terre me reviennent en mémoire, et je me vois sous les rameaux d'or de l'Éden assis auprès d'elle et servi par les esprits obéissants. En m'unissant à une autre femme, je craindrais de prostituer et de dissiper l'ame du monde qui palpite en moi. Par la concentration de nos sangs divins, je voudrais obtenir une race immortelle, un dieu définitif, plus puissant que tous ceux qui se sont manifestés jusqu'à présent sous divers noms et diverses apparences !

Pendant qu'Yousouf et l'étranger échangeaient ces longues confidences, les habitués de l'okel, agités par l'ivresse, se livraient à des contorsions extravagantes, à des rires insensés, à des pamoisons extatiques, à des danses convulsives ; mais peu à peu, la force du chanvre s'étant dissipée, le calme leur était revenu, et ils gisaient le long des divans dans l'état de prostration qui suit ordinairement ces excès.

Un homme à mine patriarcale, dont la barbe inondait la robe traînante, entra dans l'okel et s'avança jusqu'au milieu de la salle.

— Mes frères, levez-vous, dit-il d'une voix sonore ; je viens d'observer le ciel ; l'heure est favorable pour sacrifier devant le sphinx un coq blanc en l'honneur d'Hermès et d'Agathodœmon.

Les sabéens se dressèrent sur leurs pieds et parurent se disposer à suivre leur prêtre ; mais l'étranger, en entendant cette proposition, changea deux ou trois fois de couleur : le bleu de ses yeux devint noir, des plis terribles sillonnèrent sa face, et il s'échappa de sa poitrine un rugissement sourd qui fit tressaillir l'assemblée d'effroi, comme si un lion véritable fût tombé au milieu de l'okel.

— Impies ! blasphémateurs ! brutes immondes ! adorateurs d'idoles ! s'écria-t-il d'une voix retentissante comme un tonnerre.

A cette explosion de colère succéda dans la foule un mouvement de stupeur. L'inconnu avait un tel air d'autorité et soulevait les plis de son sayon par des gestes si fiers, que nul n'osa répondre à ses injures.

Le vieillard s'approcha et lui dit : — Quel mal trouves-tu, frère, à sacrifier un coq, suivant les rites, aux bons génies Hermès et Agathodœmon ?

L'étranger grinça des dents rien qu'à entendre ces deux noms.

— Si tu ne partages pas la croyance des sabéens, qu'es-tu venu faire ici? Es-tu sectateur de Jésus ou de Mahomet?

— Mahomet et Jésus sont des imposteurs, s'écria l'inconnu avec une puissance de blasphème incroyable.

— Sans doute tu suis la religion des Parsis, tu vénères le feu...

— Fantômes, dérisions, mensonges que tout cela! interrompit l'homme au sayon noir avec un redoublement d'indignation.

— Alors qui adores-tu?

— Il me demande qui j'adore!... Je n'adore personne, puisque je suis Dieu moi-même! le seul, le vrai, l'unique Dieu, dont les autres ne sont que les ombres.

A cette assertion inconcevable, inouïe, folle, les sabéens se jetèrent sur le blasphémateur, à qui ils eussent fait un mauvais parti, si Yousouf, le couvrant de son corps, ne l'eût entraîné à reculons jusqu'à la terrasse que baignait le Nil, quoiqu'il se débattît et criât comme un forcené. Ensuite, d'un coup de pied vigoureux donné au rivage, Yousouf lança la barque au milieu du fleuve. Quand ils eurent pris le courant: Où faudra-t-il que je te conduise ? dit Yousouf à son ami.

— Là-bas, dans l'île de Rodda, où tu vois briller ces lumières, répondit l'étranger, dont l'air de la nuit avait calmé l'exaltation.

En quelques coups de rames, il atteignit la rive, et l'homme au sayon noir, avant de sauter à terre, dit à son sauveur en lui offrant un anneau d'un travail ancien qu'il tira de son doigt : « En quelque lieu que tu me rencontres, tu n'as qu'à me présenter cette bague, et je ferai ce que tu voudras. » Puis il s'éloigna et disparut sous les arbres qui bordent le fleuve. Pour rattraper le temps perdu, Yousouf, qui voulait assister au sacrifice du coq, se mit à couper l'eau du Nil avec un redoublement d'énergie.

II. — *La Disette.*

Quelques jours après, le calife sortit comme à l'ordinaire de son palais pour se rendre à l'observatoire du Mokattam. Tout le monde était accoutumé à le voir sortir ainsi, de temps en temps, monté sur un âne et accompagné d'un seul esclave qui était muet. On supposait qu'il passait la nuit à contempler les astres, car on le voyait revenir au point du jour dans le même équipage, et cela étonnait d'autant moins ses serviteurs, que son père, Aziz-Billah, et son grand-père, Moëzzeldin, le fondateur du Caire, avaient fait ainsi, étant fort versés tous deux dans les sciences cabalistiques ; mais le calife Hakem, après avoir observé la disposition des astres et compris qu'aucun danger ne le menaçait immédiatement, quittait ses habits ordinaires, prenait ceux de l'esclave, qui restait à l'attendre dans la tour, et, s'étant un peu noirci la figure de manière à déguiser ses traits, il descendait dans la ville pour se mêler au peuple et apprendre des secrets dont plus tard il faisait son profit comme souverain. C'est sous un pareil déguisement qu'il s'était introduit naguère dans l'okel des sabéens.

Cette fois-là, Hakem descendit vers la place de Roumelieh, le lieu du Caire où la population forme les groupes les plus animés : on se rassemblait dans les boutiques et sous les arbres pour écouter ou réciter des contes et des poèmes, en consommant des boissons sucrées, des limonades et des fruits confits. Les jongleurs, les almées et les montreurs d'animaux attiraient ordinairement autour d'eux une foule empressée de se distraire après les travaux de la journée ; mais, ce soir-là, tout était changé, le peuple présentait l'aspect d'une mer orageuse avec ses houles et ses brisants. Des voix sinistres couvraient çà et là le tumulte, et des discours pleins d'amertume retentissaient de toutes parts. Le calife écouta, et entendit partout cette exclamation : Les greniers publics sont vides!

En effet, depuis quelque temps, une disette très forte inquiétait la population; l'espérance de voir arriver bientôt les blés de la Haute-Égypte avait calmé momentanément les craintes : chacun ménageait ses ressources de son mieux; pourtant, ce jour là, la caravane de Syrie étant arrivée très nombreuse, il était devenu presque impossible de trouver à se nourrir, et une grande foule excitée par les étrangers s'était portée aux greniers publics du vieux Caire, ressource suprême des plus grandes famines. Le dixième de chaque récolte est entassé là dans d'immenses enclos formés de hauts murs et construits jadis par Amrou. Sur l'ordre du conquérant de l'Égypte, ces greniers furent laissés sans toiture, afin que les oiseaux du ciel puissent y prélever leur part. On avait respecté depuis cette disposition pieuse, qui ne laissait perdre d'ordinaire qu'une faible partie de la réserve, et semblait porter bonheur à la ville; mais, ce jour-là, quand le peuple en fureur demanda qu'il lui fût livré des grains, les employés répondirent qu'il était venu des bandes d'oiseaux qui avaient tout dévoré. A cette réponse, le peuple s'était cru menacé des plus grands maux, et depuis ce moment la consternation régnait partout.

— Comment, se disait Hakem, n'ai-je rien su de ces choses? Est-il possible qu'un prodige pareil se soit accompli? J'en aurais vu l'annonce dans les astres ; rien n'est dérangé non plus dans le *pentacle* que j'ai tracé.

Il se livrait à cette méditation, quand un vieillard, qui portait le costume des Syriens, s'approcha de lui et dit : — Pourquoi ne leur donnes-tu pas du pain, seigneur ?

Hakem leva la tête avec étonnement, fixa son œil de lion sur l'étranger et crut que cet homme l'avait reconnu sous son déguisement.

Cet homme était aveugle.

— Es-tu fou, dit Hakem, de t'adresser avec ces paroles à quelqu'un que tu ne vois pas et dont tu n'as entendu que les pas dans la poussière !

— Tous les hommes, dit le vieillard, sont aveugles vis-à-vis de Dieu.

— C'est donc à Dieu que tu t'adresses ?

— C'est à toi, seigneur.

Hakem réfléchit un instant, et sa pensée tourbillonna de nouveau comme dans l'ivresse du hachich.

— Sauve-les, dit le vieillard, car toi seul es la puissance, toi seul es la vie, toi seul es la volonté.

— Crois-tu donc que je puisse créer du blé ici, sur l'heure? répondit Hakem en proie à une pensée indéfinie.

— Le soleil ne peut luire à travers le nuage, il le dissipe lentement. Le nuage qui te voile en ce moment, c'est le corps où tu as daigné descendre, et qui ne peut agir qu'avec les forces de l'homme. Chaque être subit la loi des choses ordonnées par Dieu. Dieu seul n'obéit qu'à la loi qu'il s'est faite lui-même. Le monde, qu'il a formé par un art cabalistique, se dissoudrait à l'instant, s'il manquait à sa propre volonté.

— Je vois bien, dit le calife avec un effort de raison, que tu n'es qu'un mendiant; tu as reconnu qui je suis sous ce déguisement, mais ta flatterie est grossière. Voici une bourse de sequins; laisse-moi.

— J'ignore quelle est ta condition, seigneur, car je ne vois qu'avec les yeux de l'ame. Quant à de l'or, je suis versé dans l'alchimie et je sais en faire quand j'en ai besoin ; je donne cette bourse à ton peuple. Le pain est cher, mais, dans cette bonne ville du Caire, avec de l'or on a de tout.

— C'est quelque nécroman, se dit Hakem.

Cependant la foule ramassait les pièces semées à terre par le vieillard syrien et se précipitait au four du boulanger le plus voisin. On ne donnait ce jour-là qu'une ocque (deux livres) de pain pour chaque sequin d'or.

— Ah! c'est comme cela, dit Hakem; je comprends! Ce vieillard, qui vient du pays de la sagesse, m'a reconnu et m'a parlé par allégories. Le calife est l'image de Dieu; ainsi que Dieu je dois punir.

Il se dirigea vers la citadelle, où il trouva le chef du guet, Abou-Arous, qui était dans la confidence de ses déguisements. Il se fit suivre de cet officier et de son bourreau, comme il avait déjà fait en plusieurs circonstances, aimant assez, comme la plupart des princes orientaux, cette sorte de justice expéditive, puis il les ramena vers la maison du boulanger qui avait vendu le pain au poids de l'or.

— Voici un voleur, dit-il au chef du guet.

— Il faut donc, dit celui-ci, lui clouer l'oreille au volet de sa boutique?

— Oui, dit le calife, après avoir coupé la tête toutefois.

Le peuple, qui ne s'attendait pas à pareille fête, fit cercle avec joie dans la rue, tandis que le boulanger protestait en vain de son innocence. Le calife, enveloppé dans un *machlah* noir qu'il avait pris à la citadelle, semblait exercer les fonctions d'un simple cadi.

Le boulanger était à genoux et tendait le cou en recommandant son ame aux anges Monkir et Nekir. A cet instant, un jeune homme fendit la foule et s'élança vers Hakem en lui montrant un anneau d'argent constellé. C'était Yousouf le sabéen.

— Accordez-moi, s'écria-t-il, la grace de cet homme.

Hakem se rappela sa promesse et reconnut son ami des bords du Nil. Il fit un signe; le bourreau s'éloigna du boulanger, qui se releva joyeusement. Hakem, entendant les murmures du peuple désappointé, dit quelques mots à l'oreille du chef du guet, qui s'écria à haute voix :

— Le glaive est suspendu jusqu'à demain à pareille heure. Alors il faudra que chaque boulanger fournisse le pain à raison de dix ocques pour un sequin.

— Je comprenais bien l'autre jour, dit le sabéen à Hakem, que vous étiez un homme de justice, en voyant votre colère contre les boissons défendues ; aussi cette bague me donne un droit dont j'userai de temps en temps.

— Mon frère, vous avez dit vrai, répondit le calife en l'embrassant. Maintenant ma soirée est finie ; allons faire une petite débauche de hachich à l'okel des sabéens.

III. — *La Dame du Royaume.*

A son entrée dans la maison, Yousouf prit à part le chef de l'okel et le pria d'excuser son ami de la conduite qu'il avait tenue quelques jours auparavant. Chacun, dit-il, a son idée fixe dans l'ivresse ; la sienne alors est d'être Dieu ! Cette explication fut transmise aux habitués, qui s'en montrèrent satisfaits.

Les deux amis s'assirent au même endroit que la veille ; le négrillon leur apporta la boîte qui contenait la pâte enivrante, et ils en prirent chacun une dose, qui ne tarda pas à produire son effet ; mais le calife, au lieu de s'abandonner aux fantaisies de l'hallucination et de se répandre en conversations extravagantes, se leva, comme poussé par le bras de fer d'une idée fixe : une résolution immuable était écrite sur ses grands traits fermement sculptés, et, d'un ton de voix d'une autorité irrésistible, il dit à Yousouf :

—Frère, il faut prendre ta cange et me conduire à l'endroit où tu m'as déposé hier à l'île de Rodda, près des terrasses du jardin.

A cet ordre inopiné, Yousouf sentit errer sur ses lèvres quelques représentations qu'il lui fut impossible de formuler, bien qu'il lui parût bizarre de quitter l'okel précisément lorsque les béatitudes du hachich réclamaient le repos et les divans pour se développer à leur aise; mais une telle puissance de volonté éclatait dans les yeux du calife, que le jeune homme descendit silencieusement à sa cange. Hakem s'assit à l'extrémité, près de la proue, et Yousouf se courba sur les rames. Le calife, qui, pendant ce court trajet, avait donné les signes de la plus violente exaltation, sauta à terre sans attendre que la barque se fût rangée au bord, et congédia son ami d'un geste royal et majestueux. Yousouf retourna à l'okel, et le prince prit le chemin du palais.

Il rentra par une poterne dont il toucha le ressort secret, et se trouva bientôt, après avoir franchi quelques corridors obscurs, au milieu de ses apparments, où son apparition surprit ses gens, habitués à ne le voir revenir qu'aux premières lueurs du jour. Sa physionomie illuminée de rayons, sa démarche à la fois incertaine et raide, ses gestes étranges, inspirèrent une vague terreur aux eunuques; ils imaginaient qu'il allait se passer au palais quelque chose d'extraordinaire, et, se tenant debout contre les murailles, la tête basse et les bras croisés, ils attendirent l'évènement dans une respectueuse anxiété. On savait les justices d'Hakem promptes, terribles et sans motif apparent. Chacun tremblait, car nul ne se sentait pur.

Hakem cependant ne fit tomber aucune tête. Une pensée plus grave l'occupait tout entier ; négligeant ces petits détails de police, il se dirigea vers l'appartement de sa sœur, la princesse Sétalmulc, action contraire à toutes les idées musulmanes, et soulevant la portière, il pénétra dans la première salle, au grand effroi des eunuques et des femmes de la princesse, qui se voilèrent précipitamment le visage.

Sétalmulc, — ce nom veut dire la dame du royaume, — était assise au fond d'une pièce retirée, sur une pile de carreaux qui garnissaient une alcôve pratiquée dans l'épaisseur de la muraille; l'intérieur de cette salle éblouissait par sa magnificence. La voûte, travaillée en petits dômes, offrait l'apparence d'un gâteau de miel ou d'une grotte à stalactites par la complication ingénieuse et savante de ses ornemens, où le rouge, le vert, l'azur et l'or mêlaient leurs teintes éclatantes. Des mosaïques de verre revêtaient les murs à hauteur d'homme de leurs plaques splendides; des arcades évidées en cœur retombaient avec grace sur les chapiteaux évasés en forme de turban que supportaient des colonnettes de marbre. Le long des corniches, sur les jambages des portes, sur les cadres des fenêtres couraient des inscriptions en écriture karmatique dont les caractères élégants se mêlaient à des fleurs, à des feuillages et à des enroulements d'arabesques. Au milieu de la salle, une fontaine d'albâtre recevait dans sa vasque sculptée un jet d'eau dont la fusée de cristal montait jusqu'à la voûte et retombait en pluie fine avec un grésillement argentin.

A la rumeur causée par l'entrée d'Hakem, Sétalmulc, inquiète, se leva et fit quelques pas vers la porte. Sa taille majestueuse parut ainsi avec tous ses avantages, car la sœur du calife était la plus belle princesse du monde : des sourcils d'un noir velouté surmontaient, de leurs arcs d'une régularité parfaite, des yeux qui faisaient baisser le regard comme si l'on eût contemplé le soleil; son nez fin et d'une courbe légèrement aquiline indiquait la royauté de sa race, et dans sa pâleur dorée, relevée aux joues de deux petits nuages de fard, sa bouche d'une pourpre éblouissante éclatait comme une grenade pleine de perles.

Le costume de Sétalmulc était d'une richesse inouïe: une corne de métal, recouverte de diamants soutenait son voile de gaze mouchetée de paillons; sa robe, mi-partie de velours vert et de velours incarnadin, disparaissait presque sous les inextricables ramages des broderies. Il se formait aux manches, aux coudes, à la poitrine, des foyers de lumière d'un éclat prodigieux, où l'or et l'argent croisaient leurs étincelles; la ceinture, formée de plaques d'or travaillé à jour et constellée d'énormes boutons de rubis, glissait par son poids autour d'une taille souple et majestueuse, et s'arrêtait retenue par l'opulent contour des hanches. Ainsi vêtue, Sétalmulc faisait l'effet d'une de ces reines des empires disparus qui avaient des dieux pour ancêtres.

La portière s'ouvrit violemment, et Hakem parut sur le seuil. A la vue de son frère, Sétalmulc ne put retenir un cri de surprise qui ne s'adressait pas tant à l'action insolite qu'à l'aspect étrange du calife. En effet, Hakem semblait n'être pas animé par la vie terrestre. Son teint pâle reflétait la lumière d'un autre monde. C'était bien la forme du calife, mais éclairée d'un autre esprit et d'une autre ame. Ses gestes étaient des gestes de fantôme, et il avait l'air de son propre spectre. Il s'avança vers Sétalmulc plutôt porté par la volonté que par des mouvements humains, et, quand il fut près d'elle, il l'enveloppa d'un regard si profond, si pénétrant, si intense, si chargé de pensées, que la princesse frissonna et croisa ses bras sur son sein, comme si une main invisible eût déchiré ses vêtements.

— Sétalmulc, dit Hakem, j'ai pensé long-temps à te donner un mari ; mais aucun homme n'est digne de toi. Ton sang divin ne doit pas souffrir de mélange. Il faut transmettre intact à l'avenir le trésor que nous avons reçu du passé. C'est moi, Hakem, le calife, le seigneur du ciel et de la terre, qui serai ton époux : les noces se feront dans trois jours. Telle est ma volonté sacrée.

La princesse éprouva à cette déclaration imprévue un tel saisissement, que sa réponse s'arrêta à ses lèvres; Hakem avait parlé avec une telle autorité, une domination si fascinatrice, que Sétalmulc sentit que toute objection était impossible. Sans attendre la réponse de sa sœur, Hakem rétrograda jusqu'à la porte. Puis il regagna sa chambre, et, vaincu par le hachich, dont l'effet était arrivé à son plus haut degré, il se laissa tomber sur les coussins comme une masse et s'endormit.

Aussitôt après le départ de son frère, Sétalmulc manda près d'elle le grand-vizir Argévan, et lui raconta tout ce qui venait de se passer. Argévan avait été le régent de l'empire pendant la première jeunesse de Hakem, proclamé calife à onze ans; un pouvoir sans contrôle était resté dans ses mains, et la puissance de l'habitude le maintenait dans les attributions du véritable souverain, dont Hakem avait seulement les honneurs.

Ce qui se passa dans l'esprit d'Argévan après le récit que lui fit Sétalmulc de la visite nocturne du calife ne peut humainement se décrire; mais qui aurait pu sonder les secrets de cette ame profonde? Est-ce l'étude et la méditation qui avaient amaigri ses joues et assombri son regard austère? Est-ce la résolution et la volonté qui avaient tracé sur les lignes de son front la forme sinistre du *tau*, signe des destinées fatales? La pâleur d'un masque immobile, qui ne se plissait par moments qu'entre les deux sourcils, annonçait-elle seulement qu'il était issu des plaines brûlées du Mahgreb? Le respect qu'il inspirait à la population du Caire, l'influence qu'il avait prise sur les riches et les puissants, étaient-ils la reconnaissance de la sagesse et de la justice apportées à l'administration de l'état?

Toujours est-il que Sétalmulc, élevé par lui, le respectait à l'égal de son père, le précédent calife. Argévan partagea l'indignation de la sultane et dit seulement : — Hélas! quel malheur pour l'empire! Le prince des croyants a vu sa raison obscurcie. Après la famine, c'est un autre fléau dont le ciel nous frappe. Il faut ordonner des prières publiques ; notre seigneur est devenu fou (*medjnoun*).

—Dieu nous en préserve! s'écria Sétalmulc.

— Au réveil du prince des croyants, ajouta le vizir, j'espère que cet égarement se sera dissipé, et qu'il pourra, comme à l'ordinaire, présider le grand conseil.

Argévan attendait au point du jour le réveil du calife. Celui-ci n'appela ses esclaves que très-tard, et on lui annonça que déjà la salle du divan était remplie de docteurs, de gens de loi et de cadis. Lorsque Hakem entra dans la salle, tout le monde se prosterna selon la coutume, et le vizir, en se relevant, interrogea d'un regard curieux le visage pensif du maître.

Ce mouvement n'échappa point au calife. Une sorte d'ironie glaciale lui sembla empreinte dans les traits de son ministre. Depuis quelque temps déjà, le prince regrettait l'autorité trop grande qu'il avait laissé prendre à des inférieurs, et, en voulant agir par lui-même, il s'étonnait de rencontrer toujours des résistances parmi les ulémas, cachefs et moudhirs, tous dévoués à Argévan. C'est pour échapper à cette tutelle, et afin de juger les choses par lui-même, qu'il s'était précédemment résolu à des déguisements et à des promenades nocturnes.

Le calife, voyant qu'on ne s'occupait que des affaires courantes, arrêta la discussion, et dit d'une voix éclatant : — Parlons un peu de la famine ; je me suis promis aujourd'hui de faire trancher la tête à tous les boulangers. — Un vieillard se leva du banc des ulémas, et dit : — Prince des croyants, n'as-tu pas fait grace à l'un d'eux, hier dans la nuit ? — Le son de cette voix n'était pas inconnu au calife, qui répondit : — Cela est vrai, mais j'ai fait grace à condition que le pain serait vendu à raison de dix ocques pour un sequin.

— Songe, dit le vieillard, que ces malheureux

paient la farine dix sequins l'ardeb. Punis plutôt ceux qui la leur vendent à ce prix.

— Quels sont ceux-là ?

— Les multezims, les cachefs, les moudhirs et les ulémas eux-mêmes, qui en possèdent des amas dans leurs maisons.

Un frémissement courut parmi les membres du conseil et les assistants, qui étaient les principaux habitants du Caire.

Le calife pencha la tête dans ses mains et réfléchit quelques instants. Argévan irrité voulut répondre à ce que venait de dire le vieil uléma, mais la voix tonnante de Hakem retentit dans l'assemblée :

— Ce soir, dit-il, au moment de la prière, je sortirai de mon palais de Rodda, je traverserai le bras du Nil dans ma cange, et, sur le rivage, le chef du guet m'attendra avec son bourreau ; je suivrai la rive gauche du *calisch* (canal), j'entrerai au Caire par la porte Bab-el-Tahla, pour me rendre à la mosquée de Rachida. A chaque maison de moultezim, de cachef ou d'uléma que je rencontrerai, je demanderai s'il y a du blé, et, dans toute maison où il n'y en aura pas, je ferai pendre ou décapiter le propriétaire.

Le vizir Argévan n'osa pas élever la voix dans le conseil après ces paroles du calife, mais, le voyant rentrer dans ses appartements, il se précipita sur ses pas, et lui dit : — Vous ne ferez pas cela, seigneur !

— Retire-toi ! lui dit Hakem avec colère. Te souviens-tu que, lorsque j'étais enfant, tu m'appelais par plaisanterie *le Lézard*... Eh bien ! maintenant le lézard est devenu le dragon.

IV. — *Le Moristan.*

Le soir même de ce jour, quand vint l'heure de la prière, Hakem entra dans la ville par le quartier des soldats, suivi seulement du chef du guet et de son exécuteur : il s'aperçut que toutes les rues étaient illuminées sur son passage. Les gens du peuple tenaient des bougies à la main pour éclairer la marche du prince, et s'étaient groupés principalement devant chaque maison de docteur, de cachef, de notaire ou autres personnages éminents qu'indiquait l'ordonnance. Partout le calife entrait et trouvait un grand amas de blé ; aussitôt il ordonnait qu'il fût distribué à la foule et prenait le nom du propriétaire. — Par ma promesse, leur disait-il, votre tête est sauve ; mais apprenez désormais à ne pas faire chez vous d'amas de blé, soit pour vivre dans l'abondance au milieu de la misère générale, soit pour le revendre au poids de l'or et tirer à vous en peu de jours toute la fortune publique.

Après avoir visité ainsi quelques maisons, il envoya des officiers dans les autres et se rendit à la mosquée de Raschida pour faire lui-même la prière, car c'était un vendredi ; mais, en entrant, son étonnement fut grand de trouver la tribune occupée et d'être salué de ces paroles : Que le nom d'Hakem soit glorifié sur la terre comme dans les cieux ! Louange éternelle au Dieu vivant !

Si enthousiasmé que fût le peuple de ce que venait de faire le calife, cette prière inattendue devait indigner les fidèles croyants : aussi plusieurs montèrent-ils à la chaire pour jeter en bas le blasphémateur ; mais ce dernier se leva et descendit avec majesté, faisant reculer à chaque pas les assaillants et traversant la foule étonnée, qui s'écriait en le voyant de plus près : « C'est un aveugle ! la main de Dieu est sur lui. » Hakem avait reconnu le vieillard de la place Roumelieh, et, comme dans l'état de veille un rapport inattendu unit parfois quelque fait matériel aux circonstances d'un rêve oublié jusque-là, il vit, comme par un coup de foudre, se mêler la double existence de sa vie et de ses extases. Cependant son esprit luttait encore contre cette impression nouvelle, de sorte que, sans s'arrêter plus longtemps dans la mosquée, il remonta à cheval et prit le chemin de son palais.

Il fit mander le vizir Argévan, mais ce dernier ne put être trouvé. Comme l'heure était venue d'aller au Mokattam consulter les astres, le calife se dirigea vers la tour de l'observatoire et monta à l'étage supérieur, dont la coupole, percée à jour, indiquait les douze maisons des astres. Saturne, la planète de Hakem, était pâle et plombé, et Mars, qui a donné son nom à la ville du Caire, flamboyait de cet éclat sanglant qui annonce guerre et danger. Hakem descendit au premier étage de la tour où se trouvait une table cabalistique établie par son grand-père Moëzzeldin. Au milieu d'un cercle autour duquel étaient écrits en chaldéen les noms de tous les pays de la terre, se trouvait la statue de bronze d'un cavalier armé d'une lance qu'il tenait droite ordinairement; mais, quand un peuple ennemi marchait contre l'Égypte, le cavalier baissait sa lance en arrêt et se tournait vers le pays d'où venait l'attaque. Hakem vit le cavalier tourné vers l'Arabie : « Encore cette race des Abassides ! s'écria-t-il, ces fils dégénérés d'Omar, que nous avions écrasés dans leur capitale de Bagdad ! Mais que m'importent ces infidèles maintenant, j'ai en main la foudre ! »

En y songeant davantage, pourtant, il sentait bien qu'il était homme comme par le passé ; l'hallucination n'ajoutait plus à sa certitude d'être un Dieu la confiance d'une force surhumaine.

— Allons, se dit-il, prendre les conseils de l'extase. Et il alla s'enivrer de nouveau de cette pâte merveilleuse qui peut-être est la même que l'ambroisie, nourriture des immortels.

Le fidèle Yousouf était arrivé déjà, regardant d'un œil rêveur l'eau du Nil, morne et plate, diminuée à un point qui annonçait toujours la sécheresse et la famine. — Frère, lui dit Hakem, est-ce à tes amours que tu rêves ? Dis-moi alors quelle est ta maîtresse, et, sur mon serment, tu l'auras.

— Le sais-je, hélas ! dit Yousouf. Depuis que le souffle du Khamsin rend les nuits étouffantes, je ne rencontre plus sa cange dorée sur le Nil. Lui demander ce qu'elle est, l'oserais-je, même si je la revoyais ? J'arrive à croire parfois que tout cela n'était qu'une illusion de cette herbe perfide, qui attaque ma raison peut-être... si bien que je ne sais plus déjà même distinguer ce qui est rêve de ce qui est réalité.

— Le crois-tu ? dit Hakem avec inquiétude. Puis, après un instant d'hésitation, il dit à son compagnon : — Qu'importe ? Oublions la vie encore aujourd'hui.

Une fois plongé dans l'ivresse du hachich, il arrivait, chose étrange ! que les deux amis entraient dans une certaine communauté d'idées et d'impressions. Yousouf s'imaginait souvent que son compagnon, s'élançant vers les cieux et frappant du pied le sol indigne de sa gloire, lui tendait la main et l'entraînait dans les espaces à travers les astres tourbillonnants et les atmosphères blanchies d'une semence d'étoiles; bientôt Saturne, pâle, mais couronné d'un anneau lumineux, grandissait et se rapprochait, entouré des sept lunes qu'emporte son mouvement rapide, et dès-lors qui pourrait dire ce qui se passait à leur arrivée dans cette divine patrie de leurs songes ? La langue humaine ne peut exprimer que des sensations conformes à notre nature; seulement, quand les deux amis conversaient dans ce rêve divin, les noms qu'ils se donnaient n'étaient plus des noms de la terre.

Au milieu de cette extase, arrivée au point de donner à leurs corps l'apparence de masses inertes, Hakem se tordit tout-à-coup en s'écriant : Eblis! Eblis! Au même instant, des *zebecks* enfonçaient la porte de l'okel, et, à leur tête, Argévan, le vizir, faisait cerner la salle et ordonnait qu'on s'emparât de tous ces infidèles, violateurs de l'ordonnance du calife, qui défendait l'usage du hachich et des boissons fermentées. — Démon! s'écria le calife reprenant ses sens et rendu à lui-même, je te faisais chercher pour avoir ta tête! Je sais que c'est toi qui as organisé la famine et distribué à tes créatures la réserve des greniers de l'Etat! A genoux devant le prince des croyants! commence par répondre, et tu finiras par mourir!

Argévan fronça le sourcil, et son œil sombre s'éclaira d'un froid sourire.

— Au Moristan, ce fou qui se croit le calife! dit-il dédaigneusement aux gardes.

Quant à Yousouf, il avait déjà sauté dans sa cange, prévoyant bien qu'il ne pourrait défendre son ami.

Le Moristan, qui aujourd'hui est attenant à la mosquée de Kalaoum, était alors une vaste prison dont une petite partie seulement était consacrée aux fous furieux. Le respect des Orientaux pour les fous ne va pas jusqu'à laisser en liberté ceux qui pourraient être nuisibles. Hakem, en s'éveillant le lendemain dans une obscure cellule, comprit bien vite qu'il n'avait rien à gagner à se mettre en fureur ni à se dire le calife sous des vêtemens de fellah. D'ailleurs, il y avait déjà cinq califes dans l'établissement et un certain nombre de dieux. Ce dernier titre n'était donc pas plus avantageux à prendre que l'autre. Hakem était trop convaincu du reste, par mille efforts faits dans la nuit pour briser sa chaîne, que sa divinité, emprisonnée dans un faible corps, le laissait, comme la plupart des bouddas de l'Inde et autres incarnations de l'Être suprême, abandonné à toute la malice humaine et aux lois matérielles de la force. Il se souvint même que la situation où il s'était mis ne lui était pas nouvelle. —Tâchons surtout, dit-il, d'éviter la flagellation.— Cela n'était pas facile, car c'était le moyen employé généralement alors contre l'incontinence de l'imagination. Quand arriva la visite du *hekim* (médecin), celui-ci était accompagné d'un autre docteur qui paraissait étranger. La prudence de Hakem était telle, qu'il ne marqua aucune surprise de cette visite, et se borna à répondre qu'une débauche de hachich avait été chez lui la cause d'un égarement passager, que maintenant il se sentait comme à l'ordinaire. Le médecin consultait son compagnon et lui parlait avec une grande déférence. Ce dernier secoua la tête et dit que souvent les insensés avaient des moments lucides et se faisaient mettre en liberté avec d'adroites suppositions. Cependant il ne voyait pas de difficulté à ce qu'on donnât à celui-ci la liberté de se promener dans les cours.

—Est-ce que vous êtes aussi médecin ? dit le calife au docteur étranger.

—C'est le prince de la science, s'écria le médecin des fous, c'est le grand Ebn-Sina (Avicenne), qui, arrivé nouvellement de Syrie, daigne visiter le Moristan.

Cet illustre nom d'Avicenne, le savant docteur, le maître vénéré de la santé et de la vie des hommes, — et qui passait aussi près du vulgaire pour un magicien capable des plus grands prodiges, — fit une vive impression sur l'esprit du calife. Sa prudence l'abandonna ; il s'écria : « O toi qui me vois ici, tel qu'autrefois Aïssé (Jésus), abandonné sous cette forme et dans mon impuissance humaine aux entreprises de l'enfer, doublement méconnu comme calife et comme dieu, songe qu'il convient que je sorte au plus tôt de cette indigne situation. Si tu es pour moi, fais-le connaître ; si tu ne crois pas à mes paroles, sois maudit ! »

Avicenne ne répondit pas, mais il se tourna vers le médecin en secouant la tête, et lui dit : « Vous voyez !..... déjà sa raison l'abandonne. » Et il ajouta : « Heureusement ce sont là des visions qui ne font de mal à qui ce soit. J'ai toujours dit que le chanvre, avec lequel on fait la pâte du hachich, était cette herbe même qui, au dire d'Hippocrate, communiquait aux animaux une sorte de rage et les portait à se précipiter dans la mer. Le hachich était connu déjà du temps de Salomon : vous pouvez lire le mot *hachich* dans *le Cantique des Cantiques*, où les qualités enivrantes de cette préparation...... » La suite de ces paroles se perdit pour Hakem en raison de l'éloignement des deux médecins, qui passaient dans une autre cour. Il resta seul, abandonné aux impressions les plus contraires, doutant qu'il fût Dieu, doutant même parfois qu'il fût calife, ayant peine à réunir les fragments épars de ses pensées. Profitant de la liberté relative qui lui était laissée, il s'approcha des malheureux répandus çà et là dans de bizarres attitudes, et, prêtant l'oreille à leurs chants et à leurs discours, il y surprit quelques idées qui attirèrent son attention.

Un de ces insensés était parvenu, en ramassant divers débris, à se composer une sorte de tiare étoilée de morceaux de verre, et drapait sur ses épaules des haillons couverts de broderies éclatantes qu'il avait figurées avec des bribes de clinquant : — Je suis, disait-il, le *Kaïmalzeman* (le chef du siècle), et je vous dis que les temps sont arrivés.

— Tu mens ! lui disait un autre. Ce n'est pas toi que es le véritable : mais tu appartiens à la race des *dives*, et tu cherches à nous tromper.

— Qui suis-je donc à ton avis ? disait le premier.

— Tu n'es autre que Thamurath, le dernier roi des génies rebelles ! Ne te souviens-tu pas de celui qui te vainquit dans l'île de Sérendib et qui n'était autre qu'Adam, c'est-à-dire moi-même ? Ta lance et ton bouclier sont encore suspendus comme trophées sur mon tombeau (1).

(1) Les traditions des Arabes et des Persans supposent que pendant de longues séries d'années la terre fut peuplée par des races dites *préadamites*, dont le dernier empereur fut vaincu par Adam.

— Son tombeau ! dit l'autre en éclatant de rire, jamais on n'a pu en trouver la place. Je lui conseille d'en parler !

— J'ai le droit de parler de tombeau, ayant vécu déjà six fois parmi les hommes et étant mort six fois aussi comme je le devais ; on m'en a construit de magnifiques ; mais c'est le tien qu'il serait difficile de découvrir, attendu que, vous autres dives, vous ne vivez que dans des corps morts !

La huée générale qui succéda à ces paroles s'adressait au malheureux empereur des dives, qui se leva furieux, et dont le prétendu Adam fit tomber la couronne d'un revers de main. L'autre fou s'élança sur lui, et la lutte des deux ennemis allait se renouveler après cinq milliers d'années (d'après leur compte), si l'un des surveillants ne les eût séparés à coups de nerf de bœuf, distribués d'ailleurs avec impartialité.

On se demandera quel était l'intérêt que prenait Hakem à ces conversations d'insensés qu'il écoutait avec une attention marquée ou qu'il provoquait même par quelques mots. Seul maître de sa raison au milieu de ces intelligences égarées, il se replongeait silencieusement dans tout un monde de souvenirs. Par un effet singulier qui résultait peut-être de son attitude austère, les fous semblaient le respecter, et nul d'entre eux n'osait lever les yeux sur sa figure ; cependant quelque chose les portait à se grouper autour de lui, comme ces plantes qui, dans les dernières heures de la nuit, se tournent déjà vers la lumière encore absente.

Si les mortels ne peuvent concevoir par eux-mêmes ce qui se passe dans l'âme d'un homme qui tout-à-coup se sent prophète, ou d'un mortel qui se sent Dieu, la fable et l'histoire du moins leur ont permis de supposer quels doutes, quelles angoisses doivent se produire dans ces divines natures à l'époque indécise où leur intelligence se dégage des liens passagers de l'incarnation. Hakem arrivait par instant à douter de lui-même, comme le fils de l'homme au mont des Oliviers, et ce qui surtout frappait sa pensée d'étourdissement, c'est l'idée que sa divinité lui avait été d'abord révélée dans les extases du hachich. — Il existe donc, se disait-il, quelque chose de plus fort que celui qui est tout, et ce serait une herbe des champs qui pourrait créer de tels prestiges ? Il est vrai qu'un simple ver prouva qu'il était plus fort que Salomon, lorsqu'il perça et fit se rompre par le milieu le bâton sur lequel s'était appuyé ce prince des génies ; mais qu'était-ce que Salomon près de moi, si je suis véritablement Albar (l'Éternel)?

V. — *L'incendie du Caire.*

Par une étrange raillerie dont l'esprit du mal pouvait seul concevoir l'idée, il arriva qu'un jour le Moristan reçut la visite de la sultane Sétalmulc, qui venait, selon l'usage des personnes royales, apporter des secours et des consolations aux prisonniers. Après avoir visité la partie de la maison consacrée aux criminels, elle voulut aussi voir l'asile de la démence. La sultane était voilée; mais Hakem la reconnut à sa voix, et ne put retenir sa fureur en voyant près d'elle le ministre Argévan, qui, souriant et calme, lui faisait les honneurs du lieu.

— Voici, disait-il, des malheureux abandonnés à mille extravagances. L'un se dit prince des génies, un autre prétend qu'il est le même qu'Adam; mais le plus ambitieux, c'est celui que vous voyez là, dont la ressemblance avec le calife notre frère est frappante.

— Cela est extraordinaire en effet, dit Sétalmulc.

— Eh bien ! reprit Argévan, cette ressemblance seule a été cause de son malheur. A force de s'entendre dire qu'il était l'image même du calife, il s'est figuré être le calife, et, non content de cette idée, il a prétendu qu'il était Dieu. C'est simplement un misérable fellah qui s'est gâté l'esprit comme tant d'autres par l'abus des substances enivrantes.... Mais il serait curieux de voir ce qu'il dirait en présence du calife lui-même...

— Misérable ! s'écria Hakem, tu as donc créé un fantôme qui me ressemble et qui tient ma place ?

Il s'arrêta, songeant tout-à-coup que sa prudence l'abandonnait et que peut-être il allait livrer sa vie à de nouveaux dangers ; heureusement le bruit que faisaient les fous empêcha que l'on entendît ses paroles. Tous ces malheureux accablaient Argévan d'imprécations, et le roi des djinns surtout lui portaient des défis terribles.

— Sois tranquille ! lui criait-il. Attends que je sois mort seulement ; nous nous retrouverons ailleurs.

Argévan haussa les épaules et sortit avec la sultane.

Hakem n'avait pas même essayé d'invoquer les

souvenirs de cette dernière. En y réfléchissant, il voyait la trame trop bien tissée pour espérer de la rompre d'un seul effort. Ou il était réellement méconnu au profit de quelque imposteur, ou sa sœur et son ministre s'étaient entendus pour lui donner une leçon de sagesse en lui faisant passer quelques jours au Moristan. Peut-être voulaient-ils profiter plus tard de la notoriété qui résulterait de cette situation pour s'emparer du pouvoir et le maintenir lui-même en tutelle. Il y avait bien sans doute quelque chose de cela : ce qui pouvait encore le donner à penser, c'est que la sultane, en quittant le Moristan, promit à l'iman de la mosquée de consacrer une somme considérable à faire agrandir et magnifiquement réédifier le local destiné aux fous, — au point, disait-elle, que leur habitation paraîtra digne d'un calife (1).

Hakem, après le départ de sa sœur et de son ministre, dit seulement : « Il fallait que cela fût ainsi ! Et il reprit sa manière de vivre, ne démentant pas la douceur et la patience dont il avait fait preuve jusque-là. Seulement il s'entretenait

---

(1) C'est depuis, en effet, qu'a été construit le bâtiment actuel, l'un des plus magnifiques du Caire.

longuement avec ceux de ses compagnons d'infortune qui avaient des instants lucides, et aussi avec des habitants de l'autre partie du Moristan qui venaient souvent aux grilles formant la séparation des cours, pour s'amuser des extravagances de leurs voisins. Hakem les accueillait alors avec des paroles telles, que ces malheureux se pressaient là des heures entières, le regardant comme un inspiré (*melbous*). N'est-ce pas une chose étrange que la parole divine trouve toujours ses premiers fidèles parmi les misérables? Ainsi mille ans auparavant le Messie voyait son auditoire composé surtout de gens de mauvaise vie, de péagers et de publicains.

Le calife, une fois établi dans leur confiance, les appelait l'un après l'autre, leur faisait raconter leur vie, les circonstances de leurs fautes ou de leurs crimes, et recherchait profondément les premiers motifs de ces désordres : ignorance et misère, voilà ce qu'il trouvait au fond de tout. Ces hommes lui racontaient aussi les mystères de la vie sociale, les manœuvres des usuriers, des monopoleurs, des gens de loi, des chefs de corporation, des collecteurs et des plus hauts négociants du Caire, se soutenant tous, se tolérant les uns les autres, multipliant leur pouvoir et leur influence par des alliances de famille, corrupteurs, corrompus, augmentant ou baissant à volonté les tarifs du commerce, maîtres de la famine ou de l'abondance, de l'émeute ou de la guerre, opprimant sans contrôle un peuple en proie aux premières nécessités de la vie. Tel avait été le résultat de l'administration d'Argévan le vizir pendant la longue minorité de Hakem.

De plus, des bruits sinistres couraient dans la prison ; les gardiens eux-mêmes ne craignaient pas de les répandre : on disait qu'une armée étrangère s'approchait de la ville et campait déjà dans la plaine de Gizeh, que la trahison lui soumettrait le Caire sans résistance, et que les seigneurs, les ulémas et les marchands, craignant pour leurs richesses le résultat d'un siége, se préparaient à livrer les portes et avaient séduit les chefs militaires de la citadelle. On s'attendait à voir le lendemain même le général ennemi faire son entrée dans la ville par la porte de Bab-el-Hadyd. De ce moment, la race des Fatimites était dépossédée du trône ; les califes Abassides régnaient désormais au Caire comme à Bagdad, et les prières publiques allaient se faire en leur nom. « Voilà ce qu'Argévan m'avait préparé ! se dit le calife ; voilà ce que m'annonçait le talisman disposé par mon père, et ce qui faisait pâlir dans le ciel l'étincelant Pharouis (Saturne)! Mais le moment est venu de voir ce que peut ma parole, et si je me laisserai vaincre comme autrefois le Nazaréen. »

Le soir approchait ; les prisonniers étaient réunis dans les cours pour la prière accoutumée. Hakem prit la parole, s'adressant à la fois à cette double population d'insensés et de malfaiteurs que séparait une porte grillée ; il leur dit ce qu'il était et ce qu'il voulait d'eux avec une telle autorité et de telles preuves, que personne n'osa douter. En un instant, l'effort de cent bras avait rompu les barrières intérieures, et les gardiens, frappés de crainte, livraient les portes donnant sur la mosquée. Le calife y entra bientôt, porté dans les bras de ce peuple de malheureux que sa voix enivrait d'enthousiasme et de confiance. « C'est le calife! le véritable prince des croyants ! » s'écriaient les condamnés judiciaires. « C'est Allah qui vient juger le monde! » hurlait la troupe des insensés. Deux d'entre ces derniers avaient pris place à la droite et à la gauche de Hakem, criant: « Venez tous aux assises que tient notre seigneur Hakem. »

Les croyants réunis dans la mosquée ne pouvaient comprendre que la prière fût ainsi troublée, mais l'inquiétude répandue par l'approche des ennemis disposait tout le monde aux événements extraordinaires. Quelques-uns fuyaient, semant l'alarme dans les rues ; d'autres criaient : « C'est aujourd'hui le jour du dernier jugement ! » Et cette pensée réjouissait les plus pauvres et les plus souffrants qui disaient : « Enfin, Seigneur ! enfin voici ton jour ! »

Quand Hakem se montra sur les marches de la mosquée, un éclat surhumain environnait sa face, et sa chevelure, qu'il portait toujours longue et flottante contre l'usage des musulmans, répandait ses longs anneaux sur un manteau de pourpre dont ses compagnons lui avaient couvert les épaules. Les juifs et les chrétiens, toujours nombreux dans cette rue Soukarieh qui traverse les bazars, se prosternaient eux-mêmes, disant : « C'est le véritable Messie, ou bien c'est l'antechrist annoncé par les Écritures pour paraître mille ans après Jésus ! » Quelques personnes aussi avaient reconnu le souverain ; mais on ne pouvait s'expliquer comment il se trouvait au milieu de la ville, tandis que le bruit général était qu'à cette heure-là même il marchait à la tête des troupes contre les ennemis campés dans la plaine qui entoure les Pyramides.

— O vous, mon peuple ! dit Hakem aux malheureux qui l'entouraient, vous, mes fils véritables, ce n'est pas mon jour, c'est le vôtre qui est venu. Nous sommes arrivés à cette époque qui se renouvelle chaque fois que la parole du ciel perd de son pouvoir sur les ames, moment où la vertu devient crime, où la sagesse devient folie, où la gloire devient honte, tout ainsi marchant au rebours de la justice et de la vérité. Jamais alors la voix d'en haut n'a manqué d'illuminer les esprits, ainsi que l'éclair avant la foudre ; c'est pourquoi il a été dit tour à tour : Malheur à toi, Énochia, ville des enfants de Caïn, ville d'impuretés et de tyrannie ! malheur à toi, Gomorrhe ! malheur à vous, Ninive et Babylone ! et malheur à toi, Jérusalem ! Cette voix qui ne se lasse pas, retentit ainsi d'âge en âge, et toujours entre la menace et la peine il y a eu du temps pour le repentir. Cependant le délai se raccourcit de jour en jour ; quand l'orage se rapproche, le feu suit de plus près l'éclair ! Montrons que désormais la parole est armée, et que sur la terre va s'établir enfin le règne annoncé par les prophètes ! — A vous, enfants, cette ville enrichie par la fraude, par l'usure, par les injustices et la rapine ;

à vous ces trésors pillés, ces richesses volées. Faites justice de ce luxe qui trompe, de ces vertus fausses, de ces mérites acquis à prix d'or, de ces trahisons parées qui, sous prétexte de paix, vous ont vendus à l'ennemi. Le feu, le feu partout à cette ville que mon aïeul Moëzzeldin avait fondée sous les auspices de la victoire (*kahira*), et qui deviendrait le monument de votre lâcheté!

Était-ce comme souverain, était-ce comme Dieu que le calife s'adressait ainsi à la foule? Certainement il avait en lui cette raison suprême qui est au-dessus de la justice ordinaire, autrement sa colère eût frappé au hasard comme celle des bandits qu'il avait déchaînés. En peu d'instants, la flamme avait dévoré les bazars au toit de cèdre et les palais aux terrasses sculptées, aux colonnettes frêles; les plus riches habitations du Caire livraient au peuple leurs intérieurs dévastés. Nuit terrible, où la puissance souveraine prenait les allures de la révolte, où la vengeance du ciel usait des armes de l'enfer!

L'incendie et le sac de la ville durèrent trois jours; les habitants des plus riches quartiers avaient pris les armes pour se défendre, et une partie des soldats grecs et des *kétamis*, troupes barbaresques dirigées par Argévan, luttaient contre les prisonniers et la populace qui exécutaient les ordres de Hakem. Argévan répandait le bruit que Hakem était un imposteur, que le véritable calife était avec l'armée dans les plaines de Gizeh, de sorte qu'un combat terrible aux lueurs des incendies avait lieu sur les grandes places et dans les jardins. Hakem s'était retiré sur les hauteurs de Karafah, et tenait en plein air ce tribunal sanglant où, selon les traditions, il apparut comme assisté des anges, ayant près de lui Adam et Salomon, l'un témoin pour les hommes, l'autre pour les génies. On amenait là tous les gens signalés par la haine publique, et leur jugement avait lieu en peu de mots ; les têtes tombaient aux acclamations de la foule ; il en périt plusieurs milliers dans ces trois jours. La mêlée au centre de la ville n'était pas moins meurtrière ; Argévan fut enfin frappé d'un coup de lance entre les épaules par un nommé Reïdan, qui apporta sa tête aux pieds du calife ; de ce moment la résistance cessa. On dit qu'à l'instant même où ce vizir tomba en poussant un cri épouvantable, les hôtes du Moristan, doués de cette seconde vue particulière aux insensés, s'écrièrent qu'ils voyaient dans l'air Éblis (Satan), qui, sorti de la dépouille mortelle d'Argévan, appelait à lui et ralliait dans l'air les démons incarnés jusque-là dans les corps de ses partisans. Le combat commencé sur terre se continuait dans l'espace ; les phalanges de ces éternels ennemis se reformaient et luttaient encore avec les forces des éléments. C'est à ce propos qu'un poète arabe a dit :

« Égypte ! Égypte ! tu les connais, ces luttes sombres des bons et des mauvais génies, quand Typhon, à l'haleine étouffante, absorbe l'air et la lumière, quand la peste décime les populations laborieuses, quand le Nil diminue ses inondations annuelles, quand les sauterelles en épais nuages dévorent dans un jour toute la verdure des champs.

« Ce n'est donc pas assez que l'Enfer agisse par ces redoutables fléaux, il peut aussi peupler la terre d'ames cruelles et cupides, qui, sous la forme humaine, cachent la nature perverse des chakals et des serpents ! »

Cependant, quand arriva le quatrième jour, la ville étant à moitié brûlée, les chériffs se rassemblèrent dans les mosquées levant en l'air les Alcorans et s'écriant : « O Hakem ! ô Allah ! » Mais leur cœur ne s'unissait pas à leur prière. Le vieillard qui avait déjà salué dans Hakem la divinité se présenta devant ce prince et lui dit : « Seigneur, c'est assez ; arrête la destruction au nom de ton aïeul Moëzzeldin. » Hakem voulut questionner cet étrange personnage qui n'apparaissait qu'à des heures sinistres ; mais le vieillard avait disparu déjà dans la mêlée des assistants.

Hakem prit sa monture ordinaire, un âne gris, et se mit à parcourir la ville, semant des paroles de réconciliation et de clémence. C'est à dater de ce moment qu'il réforma les édits sévères prononcés contre les chrétiens et les juifs, et dispensa les premiers de porter sur les épaules une lourde croix de bois, les autres de porter au col un billot. Par une tolérance égale envers tous les cultes, il voulait amener les esprits à accepter peu à peu une doctrine nouvelle. Des lieux de conférence furent établis, notamment dans un édifice qu'on appela *maison de la sagesse*, et plusieurs docteurs commencèrent à soutenir publiquement la divinité de Hakem. Toutefois l'esprit humain est tellement rebelle aux croyances que le temps n'a pas consacrées, qu'on ne put inscrire au nombre des fidèles qu'environ trente mille habitants du Caire. Il y eut un nommé Almoschadjar qui dit aux sectateurs de Hakem : « Celui que vous invoquez à la place de

Dieu ne pourrait créer une mouche, ni empêcher une mouche de l'inquiéter. » Le calife, instruit de ces paroles, lui fit donner cent pièces d'or, pour preuve qu'il ne voulait pas forcer les consciences. D'autres disaient : « Ils ont été plusieurs dans la famille des Fatimites atteints de cette illusion. C'est ainsi que le grand-père de Hakem, Moëzzeldin, se cachait pendant plusieurs jours et disait avoir été enlevé au ciel; plus tard, il s'est retiré dans un souterrain, et on a dit qu'il avait disparu de la terre sans mourir comme les autres hommes. » Hakem recueillait ces paroles qui le jetaient dans de longues méditations.

VI. — *Les deux Califes.*

Le calife était rentré dans son palais des bords du Nil et avait repris sa vie habituelle, reconnu désormais de tous et débarrassé d'ennemis. Depuis quelque temps déjà les choses avaient repris leur cours accoutumé. Un jour il entra chez sa sœur Sétalmulc et lui dit de préparer tout pour leur mariage, qu'il désirait faire secrètement, de peur de soulever l'indignation publique, le peuple n'étant

pas encore assez convaincu de la divinité de Hakem
pour ne pas se choquer d'une telle violation des
lois établies. Les cérémonies devaient avoir pour
témoins seulement les eunuques et les esclaves, et
s'accomplir dans la mosquée du palais ; quant aux
fêtes, suite obligatoire de cette union, les habitants
du Caire, accoutumés à voir les ombrages du sérail s'étoiler de lanternes et à entendre des bruits
de musique emportés par la brise nocturne de l'autre côté du fleuve, ne les remarqueraient pas ou ne
s'en étonneraient en aucune façon. Plus tard
Hakem, lorsque les temps seraient venus et les
esprits favorablement disposés, se réservait de
proclamer hautement ce mariage mystique et religieux.

Quand le soir vint, le calife, s'étant déguisé suivant sa coutume, sortit et se dirigea vers son observatoire du Mokattam, afin de consulter les astres. Le ciel n'avait rien de rassurant pour Hakem :
des conjonctions sinistres de planètes, des nœuds
d'étoiles embrouillés lui présageaient un péril
de mort prochaine. Ayant comme Dieu la conscience de son éternité, il s'alarmait peu de ces menaces célestes, qui ne regardaient que son enveloppe périssable. Cependant il se sentit le cœur

serré par une tristesse poignante, et, renonçant à sa tournée habituelle, il revint au palais dans les premières heures de la nuit.

En traversant le fleuve dans sa cange, il vit avec surprise les jardins du palais illuminés comme pour une fête : il entra. Des lanternes pendaient à tous les arbres comme des fruits de rubis, de saphir et d'émeraude ; des jets d'eau de senteur lançaient sous les feuillages leur fusée d'argent ; l'eau courait dans les rigoles de marbre, et du pavé d'albâtre découpé à jour des kiosques s'exhalait, en légères spirales, la fumée bleuâtre des parfums les plus précieux, qui mêlaient leurs aromes à celui des fleurs. Des murmures harmonieux de musiques cachées alternaient avec les chants des oiseaux, qui, trompés par ces lueurs, croyaient saluer l'aube nouvelle, et dans le fond flamboyait, au milieu d'un embrasement de lumière, la façade du palais, dont les lignes architecturales se dessinaient en cordons de feu.

L'étonnement de Hakem était extrême ; il se demandait : Qui donc ose donner une fête chez moi lorsque je suis absent ? De quel hôte inconnu célèbre-t-on l'arrivée à cette heure ? Ces jardins devraient être déserts et silencieux. Je n'ai cependant point pris de hachich cette fois, et je ne suis pas le jouet d'une hallucination. Il pénétra plus loin. Des danseuses, revêtues de costumes éblouissants, ondulaient comme des serpents, au milieu de tapis de Perse entourés de lampes, pour qu'on ne perdît rien de leurs mouvements et de leurs poses. Elles ne parurent pas apercevoir le calife. Sous la porte du palais, il rencontra tout un monde d'esclaves et de pages portant des fruits glacés et des confitures dans des bassins d'or, des aiguières d'argent pleines de sorbets. Quoiqu'il marchât à côté d'eux, les coudoyât et en fût coudoyé, personne ne fit à lui la moindre attention. Cette singularité commença à le pénétrer d'une inquiétude secrète. Il se sentait passer à l'état d'ombre, d'esprit invisible, et il continua d'avancer de chambre en chambre, traversant les groupes comme s'il eût eu au doigt l'anneau magique possédé par Gygès.

Lorsqu'il fut arrivé au seuil de la dernière salle, il fut ébloui par un torrent de lumière : des milliers de cierges, posés sur des candélabres d'argent, scintillaient comme des bouquets de feu, croisant leurs auréoles ardentes. Les instruments des musiciens, cachés dans les tribunes, tonnaient avec une énergie triomphale. Le calife s'approcha chancelant et s'abrita derrière les plis étoffés d'une énorme portière de brocart. Il vit alors au fond de la salle, assis sur le divan à côté de Sétalmulc, un homme ruisselant de pierreries, constellé de diamants qui étincelaient au milieu d'un fourmillement de bluettes et de rayons prismatiques. On eût dit que, pour revêtir ce nouveau calife, les trésors d'Haroun-al-Raschild avaient été épuisés.

On conçoit la stupeur d'Hakem à ce spectacle inouï : il chercha son poignard à sa ceinture pour s'élancer sur cet usurpateur ; mais une force invincible le paralysait. Cette vision lui semblait un avertissement céleste, et son trouble augmenta encore lorsqu'il reconnut ou crut reconnaître ses propres traits dans ceux de l'homme assis près de sa sœur. Il crut que c'était son *ferouer* ou son double, et, pour les Orientaux, voir son propre spectre est un signe du plus mauvais augure. L'ombre force le corps à la suivre dans le délai d'un jour.

Ici l'apparition était d'autant plus menaçante, que le *ferouer* accomplissait d'avance un dessein conçu par Hakem. L'action de ce calife fantastique, épousant Sétalmulc, que le vrai calife devait épouser dans trois jours, ne cachait-elle pas un sens énigmatique, un symbole mystérieux et terrible! N'était-ce pas quelque divinité jalouse, cherchant à usurper le ciel en enlevant Sétalmulc à son frère, en séparant le couple cosmogonique et providentiel? La race des dives tâchait-elle, par ce moyen, d'interrompre la filiation des esprits supérieurs et d'y substituer son engeance impie? Ces pensées traversèrent à la fois la tête de Hakem : dans son courroux, il eût voulu produire un tremblement de terre, un déluge, une pluie de feu ou un cataclysme quelconque; mais il se ressouvint que, lié à une statue d'argile terrestre, il ne pouvait employer que des mesures humaines.

Ne pouvant se manifester d'une manière si victorieuse, Hakem se retira lentement et regagna la porte qui donnait sur le Nil; un banc de pierre se trouvait là, il s'y assit et resta quelque temps abîmé dans ses réflexions à chercher un sens aux scènes bizarres qui venaient de se passer devant lui. Au bout de quelques minutes, la poterne se rouvrit, et à travers l'obscurité, Hakem vit sortir vaguement deux ombres dont l'une faisait sur la nuit une tache plus sombre que l'autre. A l'aide de ces vagues reflets de la terre, du ciel et des eaux qui, en Orient, ne permettent jamais aux ténèbres d'être complètement opaques, il discerna que le premier était un jeune homme de race arabe, et le second un Éthiopien gigantesque.

Arrivé sur un point de la berge qui s'avançait dans le fleuve, le jeune homme se mit à genoux, le noir se plaça près de lui, et l'éclair d'un damas étincela dans l'ombre comme un filon de foudre. Cependant, à la grande surprise du calife, la tête ne tomba pas, et le noir, s'étant incliné vers l'oreille du patient, parut murmurer quelques mots après lesquels celui-ci se releva, calme, tranquille, sans empressement joyeux, comme s'il se fût agi de tout autre que de lui-même. L'Éthiopien remit son damas dans le fourreau, et le jeune homme se dirigea vers le bord du fleuve, précisément du côté de Hakem, sans doute pour aller reprendre la barque qui l'avait amené. Là il se trouva face à face avec le calife, qui fit mine de se réveiller, et lui dit : La paix soit avec toi, Yousouf ; que fais-tu par ici ?

— A toi aussi la paix, répondit Yousouf, qui ne voyait toujours dans son ami qu'un compagnon d'aventures et ne s'étonnait pas de l'avoir rencontré endormi sur la berge, comme font les enfants du Nil dans les nuits brûlantes de l'été.

Yousouf le fit monter dans la cange, et ils se laissèrent aller au courant du fleuve, le long du bord oriental. L'aube teignait déjà d'une bande rougeâtre la plaine voisine, et dessinait le profil des ruines encore existantes d'Héliopolis, au bord du désert. Hakem paraissait rêveur, et, examinant avec attention les traits de son compagnon que le jour accusait davantage, il lui trouvait avec lui-même une certaine ressemblance qu'il n'avait jamais remarquée jusque-là, car il l'avait toujours rencontré dans la nuit ou vu à travers les enivrements de l'orgie. Il ne pouvait plus douter que ce ne fût là le *ferouer*, le double, l'apparition de la veille, celui peut-être à qui l'on avait fait jouer le rôle de calife pendant son séjour au Moristan. Cette explication naturelle lui laissait encore un sujet d'étonnement.

— Nous nous ressemblons comme des frères, dit-il à Yousouf ; quelquefois il suffit, pour justifier un semblable hasard, d'être issu des mêmes contrées. Quel est le lieu de ta naissance, ami ?

— Je suis né au pied de l'Atlas, à Kétama, dans le Mahgreb, parmi les Berbères et les Kabyles. Je n'ai pas connu mon père, qui s'appelait Dawas, et qui fut tué dans un combat peu de temps après ma naissance ; mon aïeul, très-avancé en âge, était l'un des cheiks de ce pays perdu dans les sables.

— Mes aïeux sont aussi de ce pays, dit Hakem ; peut-être sommes-nous issus de la même tribu.... mais qu'importe ? notre amitié n'a pas besoin des liens du sang pour être durable et sincère. Raconte-moi pourquoi je ne t'ai pas vu depuis plusieurs jours.

— Que me demandes-tu ? dit Yousouf ; ces jours, ou plutôt ces nuits, car les jours je les consacrais au sommeil, ont passé comme des rêves délicieux et pleins de merveilles. Depuis que la justice nous a surpris dans l'okel et séparés, j'ai de nouveau rencontré sur le Nil la vision charmante dont je ne puis plus révoquer en doute la réalité. Souvent me mettant la main sur les yeux, pour m'empêcher de reconnaître la porte, elle m'a fait pénétrer dans des jardins magnifiques, dans des salles d'une splendeur éblouissante, où le génie de l'architecte avait dépassé les constructions fantastiques qu'élève dans les nuages la fantaisie du hachich. Étrange destinée que la mienne ! ma veille est encore plus remplie de rêves que mon sommeil. Dans ce palais, personne ne semblait s'étonner de ma présence, et, quand je passais, tous les fronts s'inclinaient respectueusement devant moi. Puis cette femme étrange, me faisant asseoir à ses pieds, m'enivrait de sa parole et de son regard. Chaque fois qu'elle soulevait sa paupière frangée de longs cils, il me semblait voir s'ouvrir un nouveau paradis. Les inflexions de sa voix harmonieuse me plongeaient dans d'ineffables extases. Mon ame, caressée par cette mélodie enchanteresse, se fondait en délices. Des esclaves apportaient des collations exquises, des conserves de roses, des sorbets à la neige qu'elle touchait à peine du bout des lèvres, car une créature si céleste et si parfaite ne doit vivre que de parfums, de rosée, de rayons. Une fois, déplaçant par des paroles magiques une dalle du pavé couverte de sceaux mystérieux, elle m'a fait descendre dans les caveaux où sont renfermés ses trésors et m'en a détaillé les richesses en me disant qu'ils seraient à moi si j'avais de l'amour et du courage. J'ai vu là plus de merveilles que n'en renferme la montagne de Kaf où sont cachés les trésors des génies, des éléphants de cristal de roche, des arbres d'or sur lesquels chantaient en battant des ailes, des oiseaux de pierreries, des paons ouvrant en forme de roue leur queue étoilée de soleils en diamants, des masses de camphre taillées en melon et entourées d'une résille de filigrane, des tentes de velours et de brocart avec leurs mâts d'argent massif ; puis dans des citernes, jetés comme du grain dans un silo, des monceaux de pièces d'or et d'argent, des tas de perles et d'es carboucles.

Hakem, qui avait écouté attentivement cette description, dit à son ami Yousouf :

— Sais-tu, frère, que ce que tu as vu là, ce sont les trésors d'Haaroun-al-Raschild enlevés par les Fatimites, et qui ne peuvent se trouver que dans le palais du calife ?

— Je l'ignorais ; mais déjà, à la beauté et à la richesse de mon inconnue, j'avais deviné qu'elle devait être du plus haut rang : que sais-je ? peut-être une parente du grand-visir, la femme ou la fille d'un puissant seigneur ! Mais qu'avais-je besoin d'apprendre son nom ? Elle m'aimait, n'était-ce pas assez ? Hier, lorsque j'arrivai au lieu ordinaire du rendez-vous, je trouvai des esclaves qui me baignèrent, me parfumèrent et me revêtirent d'habits magnifiques et tels que le calife Hakem lui-même ne pourrait en porter de plus splendides. Le jardin était illuminé, et tout avait un air de fête comme si une noce s'apprêtait. Celle que j'aime me permit de prendre place à ses côtés sur le divan, et laissa tomber sa main dans la mienne en me lançant un regard chargé de langueur et de volupté. Tout-à-coup elle pâlit comme si une apparition funeste, une vision sombre, perceptible pour elle seule, fût venue faire tache dans la fête. Elle congédia les esclaves d'un geste, et me dit d'une voix haletante : « Je suis perdue ! Derrière le rideau de la porte, j'ai vu briller les prunelles d'azur qui ne pardonnent pas. M'aimes-tu assez pour mourir ? » Je l'assurai de mon dévouement sans bornes. « Il faut, continua-t-elle, que tu n'aies jamais existé, que ton passage sur la terre ne laisse aucune trace, que tu sois anéanti, que ton corps soit divisé en parcelles impalpables et qu'on ne puisse retrouver un atome de toi ; autrement, celui dont je dépends saurait inventer pour moi des supplices à épouvanter la méchanceté des dives, à faire frissonner d'épouvante les damnés au fond de l'Enfer. Suis ce nègre, il disposera de ta vie comme il convient. »

En dehors de la poterne, le nègre me fit mettre à genoux comme pour me trancher la tête ; il balança deux ou trois fois sa lame ; puis, voyant ma fermeté, il me dit que tout cela n'était qu'un jeu, une épreuve, et que la princesse avait voulu savoir si j'étais réellement aussi brave et aussi dévoué que je le prétendais. « Aie soin de te trouver demain au Caire vers le soir, à la fontaine des Amants, et un nouveau rendez-vous te sera assigné, » ajouta-t-il avant de rentrer dans le jardin.

Après tous ces éclaircissements, Hakem ne pouvait plus douter des circonstances qui avaient renversé ses projets. Il s'étonnait seulement de n'éprouver aucune colère soit de la trahison de sa sœur, soit de l'amour inspiré par un jeune homme de basse extraction à la sœur du calife. Était-ce qu'après tant d'exécutions sanglantes, il se trouvait las de punir, ou bien la conscience de sa divinité lui inspirait-elle cette immense affection paternelle qu'un Dieu doit ressentir à l'égard des créatures? Impitoyable pour le mal, il se sentait vaincu par les grâces toutes-puissantes de la jeunesse et de l'amour. Sétalmulc était-elle coupable d'avoir repoussé une alliance où ses préjugés voyaient un crime? Yousouf l'était-il davantage d'avoir aimé une femme dont il ignorait la condition? Ainsi le calife se promettait d'apparaître le soir même au nouveau rendez-vous qui était donné à Yousouf, mais pour pardonner et pour bénir ce mariage. Il ne provoquait plus que dans cette pensée les confidences de Yousouf. Quelque chose de sombre traversait encore son esprit, mais c'était sa propre destinée qui l'inquiétait désormais. Les évènements tournent contre moi, se dit-il, et ma volonté elle-même ne me défend plus. Il dit à Yousouf en le quittant : « Je regrette nos bonnes soirées à l'okel. Nous y retournerons, car le calife vient de retirer les ordonnances contre le hachich et les liqueurs fermentées. Nous nous reverrons bientôt, ami.

Hakem, rentré dans son palais, fit venir le chef de sa garde, Abou-Arous, qui faisait le service de nuit avec un corps de mille hommes, et rétablit la consigne interrompue pendant les jours de trouble, voulant que toutes les portes du Caire fussent fermées à l'heure où il se rendait à son observatoire, et qu'une seule se rouvrît à un signal convenu quand il lui plairait de rentrer lui-même. Il se fit accompagner ce soir-là jusqu'au bout de la rue nommée Derb-al-Siba, monta sur l'âne que ses gens tenaient prêt chez l'eunuque Nésim, huissier de la porte, et sortit dans la campagne, suivi seulement d'un valet de pied et du jeune esclave qui l'accompagnait d'ordinaire. Quand il eut gravi la montagne, sans même être encore monté dans la tour de l'observatoire, il regarda les astres, frappa ses mains l'une contre l'autre et s'écria : « Tu as donc paru, funeste signe! » Ensuite il rencontra des cavaliers arabes qui le reconnurent et lui demandèrent quelques secours; il envoya son valet avec eux chez l'eunuque Nésim pour qu'on leur donnât une gratification; puis, au lieu de se rendre à la tour, il prit le chemin de la nécropole située à gauche du Mokattam, et s'avança jusqu'au tombeau de Fokkaï, près de l'endroit nommé Maksaba à cause des joncs qui y croissaient. Là trois hommes tombèrent sur lui à coups de poignard; mais à peine était-il frappé que l'un d'eux, reconnaissant ses traits à la clarté de la lune, se retourna contre les deux autres et les combattit jusqu'à ce qu'il fût tombé lui-même auprès du calife en s'écriant : O mon frère! Tel fut du moins le récit de l'esclave échappé à cette boucherie, qui s'enfuit vers le Caire et alla avertir Abou-Arous; mais, quand les gardes arrivèrent au lieu du meurtre, ils ne trouvèrent plus que des vêtements ensanglantés et l'âne gris du calife, nommé *Kamar*, qui avait les jarrets coupés.

FIN DE L'HISTOIRE DU CALIFE HAKEM.

V. — LE DÉPART.

L'histoire du calife Hakem était terminée.

Le cheik s'arrêta et se mit à réfléchir profondément. J'étais ému moi-même au récit de cette *passion,* moins douloureuse sans doute que celle du Golgotha, mais dont j'avais vu récemment le théâtre, ayant gravi souvent, pendant mon séjour au Caire, ce Mokattam, qui a conservé les ruines de l'observatoire de Hakem. Je me disais que, dieu ou homme, ce calife Hakem, si calomnié par les historiens cophtes et musulmans, avait voulu sans doute amener le règne de la raison et de la justice; je voyais sous un nouveau jour tous les évènements rapportés par El-Macin, par Makrisi, par Novaïri et autres auteurs que j'avais lus au Caire, et je déplorais ce destin qui condamne les prophètes, les réformateurs, les messies, quels qu'ils soient, à la mort violente, et plus tard à l'ingratitude humaine.

— Mais vous ne m'avez pas dit, fis-je observer au cheik, par quels ennemis le meurtre de Hakem avait été ordonné?

— Vous avez lu les historiens, me dit-il; ne savez-vous pas que Yousouf, fils de Dawas, se trouvant au rendez-vous fixé à la fontaine des Amants, y rencontra des esclaves qui le conduisirent dans une maison où l'attendait la sultane Sétalmulc, qui s'y était rendue déguisée; qu'elle le fit consentir à tuer Hakem, lui disant que ce dernier voulait la faire mourir, et lui promit de l'épouser ensuite? Elle prononça en finissant ces paroles conservées par l'histoire: « Rendez-vous sur la montagne, il y viendra sans faute et y restera seul, ne gardant avec lui que l'homme qui lui sert de valet. Il entrera dans la vallée, courez alors sur lui et tuez-le; tuez aussi le valet et le jeune esclave, s'il est avec lui. » Elle lui donna un de ces poignards dont la pointe a forme de lance, et que l'on nomme *yafours*, et arma aussi les deux esclaves, qui avaient ordre de le seconder et de le tuer, s'il manquait à son serment. Ce fut seulement après avoir porté le premier coup au calife, que Yousouf le reconnut pour le compagnon de ses courses nocturnes, et se tourna contre les deux esclaves, ayant dès-lors horreur de son action ; mais il tomba à son tour frappé par eux.

— Et que devinrent les deux cadavres, qui, selon l'histoire, ont disparu, puisqu'on ne retrouva que l'âne et les sept tuniques de Hakem, dont les boutons n'avaient point été défaits ?

— Vous ai-je dit qu'il y eût des cadavres ? Telle n'est pas notre tradition. Les astres promettaient au calife quatre-vingts ans de vie, s'il échappait au danger de cette nuit du 27 schawal 411 de l'hégire. Ne savez-vous pas que, pendant seize ans après sa disparition, le peuple du Caire ne cessa de dire qu'il était vivant ?

— On m'a raconté, en effet, bien des choses semblables, dis-je ; mais on attribuait les fréquentes apparitions de Hakem à des imposteurs, tels que Schérout, Sikkin et d'autres, qui avaient avec lui quelque ressemblance et jouaient ce rôle. C'est ce qui arrive pour tous ces souverains merveilleux dont la vie devient le sujet des légendes populaires. Les Cophtes prétendent que Jésus-Christ apparut à Hakem, qui demanda pardon de ses impiétés et fit pénitence pendant de longues années dans le désert.

— Selon nos livres, dit le cheik, Hakem n'était pas mort des coups qui lui avaient été portés. Recueilli par un vieillard inconnu, il survécut à la nuit fatale où sa sœur l'avait fait assassiner ; mais, fatigué du trône, il se retira dans le désert d'Ammon, et formula sa doctrine, qui fut publiée depuis par son disciple Hamza. Ses sectateurs, chassés du Caire après sa mort, se retirèrent sur le Liban, où ils ont formé la nation des Druses.

Toute cette légende me tourbillonnait dans la tête, et je me promettais bien de venir demander au chef druse de nouveaux détails sur la religion de Hakem ; mais la tempête qui me retenait à Beyrouth s'était apaisée, et je dus partir pour Saint-Jean-d'Acre, où j'espérais intéresser le pacha en faveur du prisonnier. Je ne revis donc le cheik que pour lui faire mes adieux sans oser lui parler de sa fille, et sans lui apprendre que je l'avais connue chez M$_{me}$ Carlès.

LES AKKALS. — L'ANTI-LIBAN.

I. — LE PAQUEBOT.

Il faut s'attendre, sur les navires arabes et grecs, à ces traversées capricieuses qui renouvellent les destins errants d'Ulysse et de Télémaque ; le moindre coup de vent les emporte à tous les coins de la Méditerranée ; aussi l'Européen qui veut aller d'un point à l'autre des côtes de Syrie est-il forcé d'attendre le passage du paquebot anglais qui fait seul le service des *échelles* de la Palestine. Tous les mois, un simple brick, qui n'est pas même un *vapeur*, remonte et descend ces échelons de cités illustres qui s'appelaient Béryte, Sidon, Tyr, Ptolémaïs et Césarée, et qui n'ont conservé ni leurs noms ni même leurs ruines. A ces reines des mers et du commerce dont elle est l'unique héritière, l'Angleterre ne fait pas seulement l'honneur d'un *steamboat*. Cependant les divisions sociales si chères à cette nation libre sont strictement observées sur le pont, comme s'il s'agissait d'un vaisseau de premier ordre. Les *first places* sont interdites aux passagers inférieurs, c'est-à-dire à ceux dont la bourse est le moins garnie, et cette disposition étonne parfois les Orientaux quand ils voient des marchands aux places d'honneur, tandis que des cheiks, des schérifs ou même des émirs se trouvent confondus avec les soldats et les valets. En général, la chaleur est trop grande pour que l'on couche dans les cabinets, et chaque voyageur, apportant son lit sur son dos comme le paralytique de l'Évangile, choisit une place sur le pont pour le sommeil et pour la sieste; le reste du temps, il se tient accroupi sur son matelas ou sur sa natte, le dos appuyé contre le bordage et fumant sa pipe ou son narguilé. Les Francs seuls passent la journée à se promener sur le pont, à la grande surprise des Levantins, qui ne comprennent rien à cette agitation d'écureuil. Il est difficile d'arpenter ainsi le plancher sans accrocher les jambes de quelque Turc ou Bédouin, qui fait un soubresaut farouche, porte la main à son poignard et lâche des imprécations, se promettant de vous retrouver ailleurs. Les musulmans qui voyagent avec leur sérail, et qui n'ont pas assez payé pour obtenir un cabinet séparé, sont obligés de laisser leurs femmes dans une sorte de parc formé à l'arrière par des balustrades, et où elles se pressent comme des agneaux. Quelquefois le mal de mer les gagne, et il faut alors que chaque époux s'occupe d'aller chercher ses femmes, de les faire descendre et de les ramener ensuite au bercail. Rien n'égale la patience d'un Turc pour ces mille soins de famille qu'il faut accomplir sous l'œil railleur des infidèles. C'est lui-même qui, matin et soir, s'en va remplir à la tonne commune les vases de cuivre destinés aux ablutions religieuses, qui renouvelle l'eau des narguilés, soigne les enfants incommodés du roulis, toujours pour soustraire le plus possible ses femmes ou ses esclaves au contact dangereux des Francs. Ces précautions n'ont pas lieu sur les vaisseaux où il ne se trouve que des passagers levantins. Ces derniers, bien qu'ils soient de religions diverses, observent entre eux une sorte d'étiquette, surtout en ce qui se rapporte aux femmes.

L'heure du déjeuner sonna pendant que le missionnaire anglais, embarqué avec moi pour Acre, me faisait remarquer un point de la côte qu'on suppose être le lieu même où Jonas s'élança du ventre de la baleine. Une petite mosquée indique la piété des musulmans pour cette tradition biblique, et à ce propos j'avais entamé avec le révérend une de ces discussions religieuses qui ne sont plus de mode en Europe, mais qui naissent si naturellement entre voyageurs dans ces pays où l'on sent que la religion est tout.

— Au fond, lui disais-je, le Coran n'est qu'un résumé de l'Ancien et du Nouveau-Testament rédigé en d'autres termes et augmenté de quelques prescriptions particulières au climat. Les musulmans honorent le Christ comme prophète, sinon comme Dieu ; ils révèrent la *Kadra Myriam* (la Vierge Marie), et aussi nos anges, nos prophètes et nos saints ; d'où vient donc l'immense préjugé qui les sépare encore des chrétiens et qui rend toujours entre eux les relations mal assurées ?

— Je n'accepte pas cela pour ma croyance, disait le révérend, et je pense que les protestants et les Turcs finiront un jour par s'entendre. Il se formera quelque secte intermédiaire, une sorte de christianisme oriental...

— Ou d'islamisme anglican, lui dis-je. Mais pourquoi le catholicisme n'opèrerait-il pas cette fusion ?

— C'est qu'aux yeux des Orientaux les catholiques sont idolâtres. Vous avez beau leur expliquer que vous ne rendez pas un culte à la figure peinte ou sculptée, mais à la personne divine qu'elle représente ; que vous *honorez*, mais que vous n'adorez pas les anges et les saints : ils ne comprennent pas cette distinction. Et d'ailleurs, quel peuple idolâtre a jamais adoré le bois ou le métal lui-même ? Vous êtes donc pour eux à la fois des idolâtres et des polythéistes, tandis que les diverses communions protestantes...

Notre discussion, que je résume ici, continuait encore après le déjeuner, et ces dernières paroles avaient frappé l'oreille d'un petit homme à l'œil vif, à la barbe noire, vêtu d'un caban grec dont le capuchon, relevé sur sa tête, dissimulait la coiffure, seul indice en Orient des conditions et des nationalités.

Nous ne restâmes pas longtemps dans l'indécision

— Eh! sainte Vierge! s'écria-t-il, les protestants n'y feront pas plus que les autres. Les *Turcs* seront toujours les *Turcs!* (Il prononçait *Tures*.)

L'interruption indiscrète et l'accent provençal de ce personnage ne me rendirent pas insensible au plaisir de rencontrer un compatriote. Je me tournai donc de son côté, et je lui répondis quelques paroles auxquelles il répliqua avec volubilité.

— Non, monsieur, il n'y a rien à faire avec le *Ture* (Turc); heureusement, c'est un peuple qui s'en va!... Monsieur, je fus ces temps derniers à Constantinople; je me disais : Où sont les *Tures?*... Il n'y en a plus !

Le paradoxe se réunissait à la prononciation pour signaler de plus en plus un enfant de la Canebière. Seulement ce mot *Ture*, qui revenait à tout moment, m'agaçait un peu.

— Vous allez loin, répliquai-je ; j'ai moi-même vu déjà un assez bon nombre de Turcs...

J'affectais de dire ce mot en appuyant sur la désinence; le Provençal n'acceptait pas cette leçon.

— Vous croyez que ce sont des *Tures* que vous avez vus? disait-il en prononçant la syllabe d'une voix encore plus flûtée; ce ne sont pas de vrais

Turcs; j'entends le *Turc* Osmanli; tous les musulmans ne sont pas des *Turcs!*

Après tout, un méridional trouve sa prononciation excellente et celle d'un Parisien fort ridicule; je m'habituais à celle de mon voisin mieux qu'à son paradoxe. — Êtes-vous bien sûr, lui dis-je, que cela soit ainsi?

— Eh! monsieur, j'arrive de Constantinople; ce sont tous là des Grecs, des Arméniens, des Italiens, des gens de Marseille. Tous les Turcs que l'on peut trouver, on en fait des cadis, des ulémas, des pachas, ou bien on les envoie en Europe pour les faire voir... Que voulez-vous? tous leurs enfants meurent; c'est une race qui s'en va!

— Mais dis-je, ils savent encore assez bien garder leurs provinces cependant.

— Eh! monsieur, qu'est-ce qui les maintient? C'est l'Europe, ce sont les gouvernements qui ne veulent rien changer à ce qui existe, qui craignent les révolutions, les guerres, et dont chacun veut empêcher que l'autre prenne la part la plus forte; c'est pourquoi ils restent en échec à se regarder le blanc des yeux, et pendant ce temps ce sont les populations qui en souffrent! On vous parle des armées du sultan; qu'y voyez-vous? Des Albanais, des Bosniaques, des Circassiens, des Curdes; les marins, ce sont des Grecs; les officiers seuls sont de race turque. On les met en campagne; tout cela se sauve au premier coup de canon, ainsi que nous avons vu maintes fois...., à moins que les Anglais ne soient là pour leur tenir la baïonnette au dos, comme dans les affaires de Syrie.

Je me tournai du côté du missionnaire anglais, mais il s'était éloigné de nous et se promenait sur l'arrière.

— Monsieur, me dit le Marseillais en me prenant le bras, qu'est-ce que vous croyez que les diplomates feront quand les rayas viendront leur dire : « Voilà le malheur qui nous arrive ; il n'y a plus un seul Turc dans tout l'empire ; nous ne savons que faire, nous vous apportons les clés de tout ! »

L'audace de cette supposition me fit rire de tout mon cœur. Le Marseillais continua imperturbablement :

— L'Europe dira : « Il doit y en avoir encore quelque part, cherchons bien !... Est-ce possible ? Plus de pachas, plus de vizirs, plus de muchirs, plus de nazirs.... Cela va déranger toutes les relations diplomatiques. A qui s'adresser ? Comment ferons-nous pour continuer à payer les drogmans? »

— Ce sera embarrassant en effet.

— Le pape, de son côté, dira : « Eh! mon Dieu! comment faire? Qu'est-ce qui va donc garder le saint-sépulcre à présent? Voilà qu'il n'y a plus de Turcs!... »

Ce tableau, plein d'exagération sans doute, me frappait par quelques traits de vérité. Que le nombre des Turcs ait diminué beaucoup, cela n'est pas douteux; les races d'hommes s'altèrent et se perdent sous certaines influences, comme celles des animaux. Déjà depuis longtemps la principale force de l'empire turc reposait dans l'énergie de milices étrangères d'origine à la race d'Othman, telles que les mamelouks et les janissaires. Aujourd'hui c'est à l'aide de quelques légions d'Albanais que la Porte maintient sous la loi du croissant vingt millions de Grecs, de catholiques et d'Arméniens. Le pourrait-elle encore sans l'appui moral de la diplomatie européenne et sans les secours armés de l'Angleterre? Quand on songe que cette Syrie dont les canons anglais ont bombardé tous les ports en 1840, et cela au profit des Turcs, est la même terre où toute l'Europe féodale s'est ruée pendant dix siècles, et que nos religions d'état tiennent pour sacrée, on peut croire que le sentiment religieux est tombé bien bas en Europe. Les Anglais n'ont pas même eu l'idée de réserver aux chrétiens l'héritage envahi de Richard Cœur-de-Lion.

Je voulais communiquer ces réflexions au révérend ; mais, quand je revins près de lui, il m'accueillit d'un air très froid. Je compris qu'étant aux premières places, il trouvait inconvenant que je me fusse entretenu avec quelqu'un des secondes. Désormais je n'avais plus droit à faire partie de sa société ; il regrettait sans doute amèrement d'avoir entamé quelques relations avec un homme qui ne se conduisait pas en *gentleman*. Peut-être m'avait-il pardonné, à cause de mon costume levantin, de ne point porter de gants jaunes et de bottes vernies, mais se prêter à la conversation du premier venu, c'était décidément *improper !* Il ne me reparla plus.

II. — LE POPE ET SA FEMME.

N'ayant désormais rien à ménager, je voulus jouir entièrement de la compagnie du Marseillais, qui, vu les occasions rares d'amusement qu'on peut rencontrer sur un paquebot anglais, devenait un compagnon précieux. Cet homme avait beaucoup voyagé, beaucoup vu ; son commerce le forçait à s'arrêter d'échelle en échelle, et le conduisait naturellement à entamer des relations avec tout le monde. — L'Anglais ne veut plus causer, me dit-il, c'est peut-être qu'il a le mal de mer (il prononçait *merre*). Ah ! oui, le voilà qui fait un plongeon dans la cajute. Il a trop déjeuné peut-être.....

Il s'arrêta et reprit après un éclat de rire :

— C'est comme un député de chez nous, qui aimait fort les grosses pièces. Un jour, dans un plat de grives, on te lui campe une chouette (il prononçait *souette*). « Ah! dit-il, en voilà une qui est grosse ! » Quand il eut fini, nous lui apprîmes ce que c'était qu'il avait mangé.... Monsieur ! cela lui fit un effet comme le roulis ; c'est très indigeste, la chouette !

Décidément mon Provençal n'appartenait pas à la meilleure compagnie, mais j'avais passé le Rubicon. La limite qui sépare les *first places* des *second places* était dépassée, je n'appartenais plus au monde *comme il faut;* il fallait se résigner à ce destin. Peut-être, hélas! le révérend qui m'avait si imprudemment admis dans son intimité me comparait-il en lui-même aux anges déchus de Milton. J'avouerai que je n'en conçus pas de longs regrets; l'avant du paquebot était infiniment plus amusant que l'arrière. Les haillons les plus pittoresques, les types de races les plus variés se pressaient sur des nattes, sur des matelas, sur des tapis troués, rayonnants de l'éclat de ce soleil splendide qui les couvrait d'un manteau d'or. L'œil étincelant, les dents blanches, le rire insouciant des montagnards, l'attitude patriarcale des pauvres familles curdes, çà et là groupées à l'ombre des voiles, comme sous les tentes du désert, l'imposante gravité de certains émirs ou schérifs, plus riches d'ancêtres que de piastres, et qui, comme don Quichotte, semblaient se dire : Partout où je m'assieds, je suis à la place d'honneur, tout cela sans doute valait bien la compagnie de quelques touristes taciturnes et d'un certain nombre de Turcs cérémonieux.

Le Marseillais m'avait conduit en causant jusqu'à une place où il avait étendu son matelas auprès d'un autre occupé par un prêtre grec et sa femme qui faisaient le pèlerinage de Jérusalem. C'étaient deux vieillards de fort bonne humeur, qui avaient lié déjà une étroite amitié avec le Marseillais. Ces gens possédaient un corbeau qui sautelait sur leurs genoux et sur leurs pieds et partageait leur maigre déjeuner. Le Marseillais me fit asseoir près de lui et tira d'une caisse un énorme saucisson et une bouteille de forme européenne.

— Si vous n'aviez pas déjeuné tout à l'heure, me dit-il, je vous offrirais de ceci ; mais vous pouvez bien en goûter : c'est du saucisson d'Arles, monsieur! cela rendrait l'appétit à un mort!... Voyez ce qu'ils vous ont donné à manger aux premières, toutes leurs conserves de rosbeef et de légumes qu'ils tiennent dans des boîtes de fer-blanc... si cela vaut une bonne rondelle de saucisson, que la larme en coule sur le couteau!... Vous pouvez traverser le désert avec cela dans votre poche, et vous ferez encore bien des politesses aux Arabes, qui vous diront qu'ils n'ont jamais rien mangé de meilleur !

Le Marseillais, pour prouver son assertion, découpa deux tranches et les offrit au pope grec et à sa femme, qui ne manquèrent pas de faire honneur à ce régal. — Par exemple, cela pousse toujours à boire, reprit-il... Voilà du vin de la Camargue qui vaut mieux que le vin de Chypre, s'entend comme ordinaire... Mais il faudrait une tasse ; moi, quand je suis seul, je bois à même la bouteille.

Le pope tira de dessous ses habits une sorte de coupe en argent couverte d'ornements repoussés d'un travail ancien, et qui portait à l'intérieur des traces de dorure ; peut-être était-ce un calice d'église ; le sang de la grappe perlait joyeusement dans le vermeil. Il y avait si longtemps que je n'avais bu de vin rouge, et j'ajouterai même de vin français, que je vidai la tasse sans faire de façons. Le pope et sa femme n'en étaient pas à faire connaissance avec le vin du Marseillais.

— Voyez-vous ces braves gens-là, me dit celui-ci, ils ont peut-être à eux deux un siècle et demi, et ils ont voulu voir la Terre-Sainte avant de mourir. Ils vont célébrer la cinquantaine de leur mariage à Jérusalem ; ils avaient des enfants, qui sont morts, ils n'ont plus à présent que ce corbeau ; eh bien ! c'est égal, ils s'en vont remercier le bon Dieu !

Le pope, qui comprenait que nous parlions de lui, souriait d'un air bienveillant sous son toquet noir ; la bonne vieille, dans ses longues draperies bleues de laine, me faisait songer au type austère de Rebecca.

La marche du paquebot s'était ralentie, et quelques passagers debout se montraient un point blanchâtre sur le rivage ; nous étions arrivés devant le port de Seyda, l'ancienne Sidon. La montagne d'Élie (*Mar-Élias*), sainte pour les Turcs comme pour les chrétiens et les Druses, se dessinait à gauche de la ville, et la masse imposante du khan français ne tarda pas à attirer nos yeux. Les murs et les tours portent les traces du bombardement anglais de 1840, qui a démantelé toutes les villes maritimes du Liban. De plus, tous leurs ports, depuis Tripoli jusqu'à Saint-Jean d'Acre, avaient été, comme on sait, comblés jadis d'après les ordres de Fakardin, prince des Druses, afin d'empêcher la descente des troupes turques, de sorte que ces villes illustres ne sont que ruines et désolation. La nature pourtant ne s'associe pas à ces effets si longtemps renouvelés des malédictions bibliques. Elle se plaît toujours à encadrer ces débris d'une verdure délicieuse. Les jardins de Sidon fleurissent encore comme au temps du culte d'Astarté. La ville moderne est bâtie à un mille de l'ancienne, dont les ruines entourent un mamelon surmonté d'une tour carrée du moyen-âge, autre ruine elle-même.

Beaucoup de passagers descendaient à Seyda, et, comme le paquebot s'y arrêtait pour quelques heures, je me fis mettre à terre ainsi que le Marseillais. Le pope et sa femme débarquèrent aussi, ne pouvant plus supporter la mer et ayant résolu de continuer par terre leur pèlerinage. Nous longeons dans un caïque les arches du pont maritime qui joint à la ville le fort bâti sur un îlot, nous passons au milieu des frêles tartanes qui seules trouvent assez de fond pour s'abriter dans le port, et nous abordons à une ancienne jetée dont les pierres énormes sont en partie semées dans les flots. La vague écume sur ces débris, et l'on ne peut débarquer à pied sec qu'en se faisant porter par des *hamals* presque nus. Nous rions un peu de l'embarras des deux Anglaises, compagnes du missionnaire, qui se tordent dans les bras de ces tritons cuivrés, aussi blondes, mais plus vêtues que les néréides du Triomphe de Galatée. — Le corbeau, commensal du pauvre ménage grec, bat des ailes et pousse des cris ; une tourbe de jeunes drôles, qui se sont fait des *machlahs* rayés avec des sacs en poils de chameaux, se précipite sur les bagages ; quelques-uns se proposent comme cicérones en hurlant deux ou trois mots français. L'œil se repose avec plaisir sur des bateaux chargés d'oranges, de figues et d'énormes raisins de la terre promise ; plus loin une odeur pénétrante d'épiceries, de salaisons et de fritures signale le voisinage des boutiques. En effet, on passe entre les bâtiments de la marine et ceux de la douane, et l'on se trouve dans une rue bordée d'étalages qui aboutit à la porte du khan français. Nous voilà sur nos terres. Le drapeau tricolore flotte sur l'édifice, qui est le plus considérable de Seyda. La vaste cour carrée, ombragée d'acacias avec un grand bassin au centre, est entourée de deux rangées de galeries qui correspondent en bas à des magasins, en haut à des chambres occupées par des négociants. On m'indique le logement consulaire situé dans l'angle gauche, et, pendant que j'y monte, le Marseillais se rend avec le pope au couvent des franciscains, qui occupe le bâtiment du fond. C'est une ville que ce khan français, nous n'en avons pas de plus important dans toute la Syrie. Malheureusement, notre commerce n'est plus en rapport avec les proportions de son comptoir.

Je causais tranquillement avec M. Conti, notre vice-consul, lorsque le Marseillais nous arriva tout animé, se plaignant des franciscains et les accablant d'épithètes voltairiennes. Ils avaient refusé de recevoir le pope et sa femme. — C'est, dit M. Conti, qu'ils ne logent personne qui ne leur ait été adressé avec une lettre de recommandation.

— Eh bien! c'est fort commode, dit le Marseillais, mais je les connais tous, les moines, ce sont là leurs manières; quand ils voient venir de pauvres diables, ils ont toujours la même chose à dire. Les gens à leur aise donnent huit piastres (2 fr.) par jour dans chaque couvent; on ne les taxe pas, mais c'est le prix, et avec cela ils sont sûrs d'être bien accueillis partout.

— Mais on recommande aussi de pauvres pèlerins, dit M. Conti, et les pères les accueillent gratuitement.

— Sans doute, et puis, au bout de trois jours, on les met à la porte, dit le Marseillais. Et combien en reçoivent-ils de ces pauvres-là par année? Vous savez bien qu'en France on n'accorde de passeport pour l'Orient qu'aux gens qui prouvent qu'ils ont de quoi faire le voyage.

— Ceci est très-exact, dis-je à M. Conti, et rentre dans les maximes d'égalité applicables à tous les Français... quand ils ont de l'argent dans leur poche.

— Vous savez sans doute, répondit-il, que,

d'après les capitulations avec la Porte, les consuls sont forcés de *rapatrier* ceux de leurs nationaux qui manqueraient de ressources pour retourner en Europe. C'est une grosse dépense pour l'état.

— Ainsi, dis-je, plus de croisades volontaires, plus de pèlerinages possibles, et nous avons une religion d'état !

— Tout cela, s'écria le Marseillais, ne nous donne pas un logement pour ce pauvre prêtre et sa femme.

— Je le recommanderais bien, dit M. Conti, mais vous comprenez que dans tous les cas un couvent catholique ne peut pas recevoir un prêtre grec avec sa femme. Il y a ici un couvent grec où ils peuvent aller.

— Eh ! que voulez-vous ? dit le Marseillais, c'est encore une affaire pire. Ces pauvres gens sont des Grecs schismatiques ; dans toutes les religions, plus les croyances se rapprochent et plus les croyants se détestent, arrangez cela. Ma foi, je vais frapper à la porte d'un Turc. Ils ont cela de bon, au moins qu'ils donnent l'hospitalité à tout le monde.

M. Conti eut beaucoup de peine à retenir le Marseillais ; il voulut bien se charger lui-même d'héberger le pope, sa femme et le corbeau, qui s'unissait à l'inquiétude de ses maîtres en poussant des couacs plaintifs.

C'est un homme excellent que notre consul et aussi un savant orientaliste; il m'a fait voir deux ouvrages traduits de manuscrits qui lui avaient été prêtés par un Druse. On voit ainsi que la doctrine n'est plus tenue aussi secrète qu'autrefois. Sachant que ce sujet m'intéressait, M. Conti voulut bien en causer longuement avec moi pendant le dîner. Nous allâmes ensuite voir les ruines, auxquelles on arrive à travers des jardins délicieux, qui sont les plus beaux de toute la côte de Syrie. Quant aux ruines situées au nord, elles ne sont plus que fragments et poussière : les seuls fondements d'une muraille paraissent remonter à l'époque phénicienne, le reste est du moyen-âge; on sait que saint Louis fit reconstruire la ville et réparer un château carré, anciennement construit par les Ptolémées. La citerne d'Élie, le sépulcre de Zabulon et quelques grottes sépulcrales avec des restes de pilastres et de peintures complètent le tableau de tout ce que Seyda doit au passé.

M. Conti nous a fait voir, en revenant, une maison située au bord de la mer, qui fut habitée par

Bonaparte à l'époque de la campagne de Syrie. La tenture en papier peint, ornée d'attributs guerriers, a été posée à son intention, et deux bibliothèques surmontées de vases chinois renfermaient les livres et les plans que consultait assidûment le héros. On sait qu'il s'était avancé jusqu'à Seyda pour établir des relations avec des émirs du Liban. Un traité secret mettait à sa solde six mille Maronites et six mille Druses destinés à arrêter l'armée du pacha de Damas marchant sur Acre. Malheureusement les intrigues des souverains de l'Europe et d'une partie des couvents, hostiles aux idées de la révolution, arrêtèrent l'élan des populations; les princes du Liban, toujours politiques, subordonnaient leur concours officiel au résultat du siége de Saint-Jean-d'Acre. Au reste, des milliers de combattants indigènes s'étaient réunis déjà à l'armée française en haine des Turcs; mais le nombre n'y pouvait rien faire en cette circonstance. Les équipages de siége que l'on attendait furent saisis par la flotte anglaise, qui parvint à jeter dans Acre ses ingénieurs et ses canonniers. Ce fut un Français, nommé Phélippeaux, ancien condisciple de Napoléon, qui, comme on sait, dirigea la défense. Une vieille haine d'écolier a peut-être décidé du sort d'un monde!

III. — UN DÉJEUNER A SAINT-JEAN-D'ACRE.

Le paquebot avait remis à la voile ; la chaîne du Liban s'abaissait et reculait de plus en plus à mesure que nous approchions d'Acre ; la plage devenait sablonneuse et se dépouillait de verdure. Cependant nous ne tardâmes pas à apercevoir le port de *Sour*, l'ancienne Tyr, où l'on ne s'arrêta que pour prendre quelques passagers. La ville est beaucoup moins importante encore que Seyda. Elle est bâtie sur le rivage, et l'îlot où s'élevait Tyr à l'époque du siége qu'en fit Alexandre, n'est plus couvert que de jardins et de pâturages. La jetée que fit construire le conquérant, tout empâtée par les sables, ne montre plus les traces du travail humain, c'est un isthme d'un quart de lieue simplement. Mais, si l'antiquité ne se révèle plus sur ces bords que par des débris de colonnes rouges et grises, l'âge chrétien a laissé des vestiges plus imposants. On distingue encore les fondations de l'ancienne cathédrale, bâtie dans le goût syrien, qui se divisait en trois nefs semi-circulaires séparées par des pilastres, et où fut le tombeau de Frédéric Barberousse, noyé près de Tyr, dans le Kasamy. Les fameux puits d'eau vive de Ras-El-Aïn, célébrés dans la Bible, et qui sont de véritables *puits artésiens,* dont on attribue la création à Salomon, existent encore à une lieue de la ville, et l'aqueduc qui en amenait les eaux à Tyr découpe toujours sur le ciel plusieurs de ses arches immenses. Voilà tout ce que Tyr a conservé ; ses vases transparents, sa pourpre éclatante, ses bois précieux étaient jadis renommés par toute la terre. Ces riches exportations ont fait place à un petit commerce de grains récoltés par les Métualis, et vendus par les Grecs, très-nombreux dans la ville.

La nuit tombait lorsque nous entrâmes dans le port de Saint-Jean d'Acre. Il était trop tard pour débarquer ; mais, à la clarté si nette des étoiles, tous les détails du golfe, gracieusement arrondi entre Acre et Kaïffa, se dessinaient à l'aide du contraste de la terre et des eaux. Au-delà d'un horizon de quelques lieues se découpent les cimes de l'Anti-Liban qui s'abaissent à gauche, tandis qu'à droite se lève et s'étage en croupes hardies la chaîne du Carmel, qui s'étend vers la Galilée. La ville endormie ne se révélait encore que par ses murs à créneaux, ses tours carrées et les dômes d'étain de sa mosquée, indiquée de loin par un seul minaret. A part ce détail musulman, on peut rêver encore la cité féodale des templiers, le dernier rempart des croisades.

Le jour vint dissiper cette illusion en trahissant l'amas de ruines informes qui résultent de tant de siéges et de bombardements accomplis jusqu'à ces dernières années. Au point du jour, le Marseillais m'avait réveillé pour me montrer l'étoile du matin levée sur le village de Nazareth, distant seulement de huit lieues. On ne peut échapper à l'émotion d'un tel souvenir. Je proposai au Marseillais de faire ce petit voyage.

— C'est dommage, dit-il, qu'il ne s'y trouve plus la maison de la Vierge ; mais vous savez que les anges l'ont transportée en une nuit à Lorette, près de Venise. Ici on en montre la place, voilà tout. Ce n'est pas la peine d'y aller pour voir qu'il n'y a plus rien !

Au reste, je songeais surtout pour le moment à faire ma visite au pacha. Le Marseillais, par son expérience des mœurs turques, pouvait me donner des conseils quant à la manière de me présenter, et je lui appris comment j'avais fait à Paris la connaissance de Méhmet-Pacha.

— Pensez-vous qu'il me reconnaîtra ? lui dis-je.

— Eh! sans doute, répondit-il; seulement il faut reprendre le costume européen, sans cela vous seriez obligé de prendre votre tour d'audience, et il ne serait peut-être pas pour aujourd'hui.

Je suivis ce conseil, gardant toutefois le tarbouch, à cause de mes cheveux rasés à l'orientale.

— Je connais bien votre pacha, disait le Marseillais pendant que je changeais de costume. On l'appelle à Constantinople *Guezluk*, ce qui veut dire l'homme aux lunettes.

— C'est juste, dis-je, il portait des lunettes quand je l'ai connu.

— Eh bien! voyez ce que c'est chez les Turcs : ce sobriquet est devenu son nom, et cela restera dans sa famille ; on appellera son fils *Guezluk-Oglou*, ainsi de tous ses descendants. La plupart des noms turcs ont des origines semblables. Cela indique d'ordinaire que, l'homme s'étant élevé par son mérite, ses enfants acceptent l'héritage d'un surnom souvent ironique, car il rappelle ou un ridicule, ou un défaut corporel, ou l'idée d'un métier que le personnage exerçait avant son élévation.

— C'est encore, dis-je, un des principes de

l'égalité musulmane. On s'honore par l'humilité. N'est-ce pas aussi un principe chrétien ?

— Écoutez, dit le Marseillais, puisque le pacha est votre ami, il faut que vous fassiez quelque chose pour moi. Dites-lui que j'ai à lui vendre une pendule à musique qui exécute tous les opéras italiens. Il y a dessus des oiseaux qui battent des ailes et qui chantent. C'est une petite merveille. Ils aiment cela, les Turcs !

Nous ne tardâmes pas à être mis à terre, et j'en eus bientôt assez de parcourir des rues étroites et poudreuses en attendant l'heure convenable pour me présenter au pacha. A part le bazar voûté en ogive et la mosquée de Djezzar-Pacha, fraîchement restaurée, il reste peu de chose à voir dans la ville ; il faudrait une vocation d'architecte pour relever les plans des églises et des couvents de l'époque des croisades. L'emplacement est encore marqué par les fondations ; une galerie qui longe le port est seule restée debout, comme débris du palais des grands maîtres de Saint-Jean de Jérusalem.

Le pacha demeurait hors de la ville, dans un kiosque d'été situé près des jardins d'Abdallah, au bout d'un aqueduc qui traverse la plaine. En voyant dans la cour les chevaux et les esclaves des visiteurs, je reconnus que le Marseillais avait eu raison de me faire changer de costume. Avec l'habit levantin, je devais paraître un mince personnage ; avec l'habit noir, tous les regards se fixaient sur moi.

Sous le péristyle, au bas de l'escalier, était un amas immense de babouches, laissées à mesure par les entrants. Le tchiboutji qui me reçut voulait me faire ôter mes bottes ; mais je m'y refusai, ce qui donna une haute opinion de mon importance. Aussi ne restai-je qu'un instant dans la salle d'attente. On avait, du reste, remis au pacha la lettre dont j'étais chargé, et il donna ordre de me faire entrer, bien que ce ne fût pas mon tour.

Ici, l'accueil devint plus cérémonieux. Je m'attendais déjà à une réception européenne ; mais le pacha se borna à me faire asseoir près de lui sur un divan qui entourait une partie de la salle. Il affecta de ne parler qu'italien, bien que je l'eusse entendu parler français à Paris, et m'ayant adressé la phrase obligée : « Ton *kef* est-il bon ? » c'est-à-dire te trouves-tu bien ? il me fit apporter le chibouk et le café. Notre conversation s'alimenta encore de lieux communs. Puis le pacha me répéta : « Ton kef est-il bon ? » et fit servir une autre tasse de café. J'avais couru les rues d'Acre toute la matinée et traversé la plaine sans rencontrer la moindre *tratorria ;* j'avais refusé même un morceau de pain et de saucisson d'Arles offerts par le Marseillais, comptant un peu sur l'hospitalité musulmane ; mais le moyen de faire fonds sur l'amitié des grands ! La conversation se prolongeait sans que le pacha m'offrît autre chose que du café sans sucre et de la fumée de tabac. Il répéta une troisième fois : « Ton kef est-il bon ? » Je me levai pour prendre congé. En ce moment-là midi sonna à une pendule placée au-dessus de ma tête, elle commença un air; une seconde sonna presque aussitôt et commença un air différent ; une troisième et une quatrième débutèrent à leur tour, et il en résulta le charivari que l'on peut penser. Si habitué que je fusse aux singularités des Turcs, je ne pouvais comprendre que l'on réunît tant de pendules dans la même salle. Le pacha paraissait enchanté de cette harmonie et fier sans doute de montrer à un Européen son amour du progrès. Je songeais en moi-même à la commission dont le Marseillais m'avait chargé. La négociation me paraissait d'autant plus difficile, que les quatre pen dules occupaient chacune symétriquement une des faces de la salle. Où placer la cinquième ? Je n'en parlai pas.

Ce n'était pas le moment non plus de parler de l'affaire du cheik druse prisonnier à Beyrouth. Je gardai ce point délicat pour une autre visite, où le pacha m'accueillerait peut-être moins froidement. Je me retirai en prétextant des affaires à la ville. Lorsque je fus dans la cour, un officier vint me prévenir que le pacha avait ordonné à deux *cavas* de m'accompagner partout où je voudrais aller. Je ne m'exagérai pas la portée de cette attention, qui se résout d'ordinaire en un fort *bakchis* à donner auxdits estafiers.

Lorsque nous fûmes entrés dans la ville, je demandai à l'un d'eux où l'on pouvait aller déjeuner. Ils se regardèrent avec des yeux très étonnés en se disant que ce n'était pas l'heure. Comme j'insistais, ils me demandèrent une *colonnate* (piastre d'Espagne) pour acheter des poules et du riz. Où auraient-ils fait cuire cela ? Dans un corps-de-garde ? Cela me parut une œuvre chère et compliquée. Enfin ils eurent l'idée de me mener au consulat français ; mais j'appris là que notre agent résidait de l'autre côté du golfe, sur le revers du mont Carmel. A Saint-Jean-d'Acre, comme dans les villes du Liban, les Européens ont des habitations dans les montagnes à des hauteurs où cessent l'impression des grandes chaleurs et l'effet des vents brûlants de la plaine. Je ne me sentis pas le courage d'aller demander à déjeuner si au-dessus du niveau de la mer. Quant à me présenter au couvent, je savais qu'on ne m'y aurait pas reçu sans lettres de recommandation. Je ne comptais donc plus que sur la rencontre du Marseillais, lequel probablement devait se trouver au bazar.

En effet, il était en train de vendre à un marchand grec un assortiment de ces anciennes montres de nos pères, en forme d'oignons, que les Turcs préfèrent aux montres plates. Les plus grosses sont les plus chères; les œufs de Nuremberg sont hors de prix. Nos vieux fusils d'Europe trouvent aussi leur placement dans tout l'Orient, car on n'y veut que des fusils à pierre. — Voilà mon commerce, me dit le Marseillais; j'achète en France toutes ces anciennes choses bon marché, et je les revends ici le plus cher possible. Les vieilles parures de pierres fines, les vieux cachemires, voilà qui se vend aussi fort bien. Cela est venu de l'Orient et cela y retourne. En France, on ne sait pas le prix des belles choses ; tout dépend de la mode. Tenez, la meilleure spéculation, c'est d'acheter en France les armes turques, les chibouks, les bouquins d'ambre et toutes les curiosités orientales rapportées en divers temps par les voyageurs, et puis de venir les revendre dans ces pays-ci. Quand je vois des Européens acheter ici des étoffes, des costumes, des armes, je dis en moi-même ; Pauvre dupe ! cela te coûterait moins à Paris chez un marchand de bric-à-brac !

— Mon cher, lui dis-je, il ne s'agit pas de tout cela ; avez-vous encore un morceau de votre saucisson d'Arles ?

— Hé ! je crois bien, cela dure longtemps. Je comprends votre affaire ; vous n'avez pas déjeuné ; c'est bien. Nous allons entrer chez un *cafédji* ; on ira vous chercher du pain.

Le plus triste, c'est qu'il n'y avait dans la ville que de ce pain sans levain, cuit sur des plaques de tôle, qui ressemble à de la galette ou à des crêpes de carnaval. Je n'ai jamais supporté cette indigeste nourriture qu'à condition d'en manger fort peu et de me rattraper sur les autres comestibles. Avec le saucisson, cela était plus difficile ; je fis donc un pauvre déjeuner.

Nous offrîmes du saucisson aux cavas, mais ces derniers le refusèrent par un scrupule de religion.
— Les malheureux ! disait le Marseillais, ils s'imaginent que c'est du porc; ils ne savent pas que le saucisson d'Arles se fait avec de la chair de mulet....

IV. — AVENTURE D'UN MARSEILLAIS.

L'heure de la sieste était arrivée depuis longtemps ; tout le monde dormait, et les deux cavas, pensant que nous allions en faire autant, s'étaient étendus sur les bancs du café. J'avais bien envie de laisser là ce cortége incommode et d'aller faire mon *kef* hors de la ville sous des ombrages ; mais le Marseillais me dit que ce ne serait pas convenable, et que nous ne rencontrerions pas plus d'ombre et plus de fraîcheur au dehors qu'entre les gros murs du bazar où nous nous trouvions. Nous nous mîmes donc à causer pour passer le temps. Je lui racontai ma position, mes projets ; l'idée que j'avais conçue de me fixer en Syrie, d'y épouser une femme du pays, et, ne pouvant pas choisir une musulmane, à moins de changer de religion, comment j'avais été conduit à me préoccuper d'une jeune fille druse qui me convenait sous tous les rapports. Il y a des moments où l'on sent le besoin, comme le barbier du roi Midas, de déposer ses secrets n'importe où. Le Marseillais, homme léger, ne méritait peut-être pas tant de confiance ; mais, au fond, c'était un bon diable, et il m'en donna la preuve par l'intérêt que ma situation lui inspira.

— Je vous avouerai, lui dis-je, qu'ayant connu le pacha à l'époque de son séjour à Paris, j'avais espéré de sa part une réception moins cérémonieuse ; je fondais même quelque espérance sur des services que cette circonstance m'aurait permis de rendre au cheik druse, père de la jolie fille dont je vous ai parlé... Et maintenant je ne sais trop ce que j'en puis attendre.

— Plaisantez-vous ? me dit le Marseillais, vous allez vous donner tant de peine pour une petite fille des montagnes ? Eh ! quelle idée vous faites-vous de ces Druses ? Un cheik druse, eh bien ! qu'est-ce que c'est près d'un Européen, d'un Français qui est du beau monde ? Voilà dernièrement le fils d'un consul anglais, M. Parker, qui a épousé une de ces femmes-là, une *Ansarienne* du pays de Tripoli ; personne de sa famille ne veut plus le voir! C'était aussi la fille d'un cheik pourtant.

— Oh! les Ansariens ne sont pas les Druses.

— Voyez-vous, ce sont là des caprices de jeune homme! Moi je suis resté longtemps à Tripoli, je faisais des affaires avec un de mes compatriotes qui avait établi une filature de soie dans la montagne; il connaissait bien tous ces gens-là; ce sont des peuples où les hommes, les femmes mènent une vie bien singulière.

Je me mis à rire, sachant bien qu'il ne s'agissait là que de sectes qui n'ont qu'un rapport d'origine avec les Druses, et je priai le Marseillais de me conter ce qu'il savait.

— Ce sont *des drôles,* me dit-il à l'oreille avec cette expression comique des méridionaux, qui entendent par ce terme quelque chose de particulièrement égrillard.

— C'est possible, dis-je, mais la jeune fille dont je vous parle n'appartient pas à des sectes pareilles où peuvent exister quelques pratiques dégénérées du culte primitif des Druses. C'est ce qu'on appelle une savante, une akkalé.

— Eh oui! c'est bien cela; ceux que j'ai vus nomment leurs prêtresses *akklats;* c'est le même mot varié par la prononciation locale. Eh bien! ces prêtresses, savez-vous à quoi elles s'emploient ? On les fait monter sur la sainte table pour représenter la *Quadra* (la Vierge). Bien entendu qu'elles sont là dans la tenue la plus simple, sans robes ni rien sur elles, et le prêtre fait la prière en disant qu'il faut adorer l'image de la maternité. C'est comme une messe ; seulement il y a sur l'autel un grand vase de vin dont il boit, et qu'il fait passer ensuite à tous les assistants.

— Croyez-vous, dis-je, à ces bourdes, inventées par les gens des autres cultes ?

— Si j'y crois ? J'y crois si bien que j'ai vu, moi, dans le district de Kadmous, le jour de la fête de la Nativité, tous les hommes qui rencontraient des femmes sur les chemins se prosterner devant elles et embrasser leurs genoux.

— Eh bien ! ce sont des restes de l'ancienne idolâtrie d'Astarté, qui se sont mélangés avec les idées chrétiennes.

— Et que dites-vous de leur manière de célébrer l'Épiphanie ?

— La fête des rois ?

— Oui ; mais pour eux cette fête est aussi le commencement de l'année. Ce jour-là, les *akkals* (initiés), hommes et femmes, se réunissent dans leurs *khaloués*, ce qu'ils appellent leurs temples, et il y a un moment de l'office où l'on éteint toutes les lumières, et je vous laisse à penser ce qu'il peut arriver de beau.

— Je ne crois à rien de tout cela ; on en a dit autant d'ailleurs des *agapes* des premiers chrétiens. Et quel est l'Européen qui a pu voir de pareilles cérémonies, puisque les initiés seuls peuvent entrer dans ces temples ?

— Qui ? Eh ! tenez, simplement mon compatriote de Tripoli, le filateur de soie, qui faisait des affaires avec un de ces akkals ; celui-ci lui devait de l'argent, mon ami lui dit : — Je te tiens quitte, si tu veux t'arranger pour me conduire à une de ces assemblées. — L'autre fit bien des difficultés, disant que, s'ils étaient découverts, on les poignarderait tous les deux. N'importe, quand un Marseillais a mis une chose dans sa tête, il faut qu'elle aboutisse. Ils prennent rendez-vous le jour de la fête ; l'akkal avait expliqué d'avance à mon ami toutes les momeries qu'il fallait faire, et, avec le costume, sachant bien la langue, il ne risquait pas grand'chose. Les voilà qui arrivent devant un de ces khaloués ; c'est comme un tombeau de santon, une chapelle carrée avec un petit dôme, entourée d'arbres et adossée aux rochers. Vous en avez pu voir dans la montagne.

— J'en ai vu.

— Mais il y a toujours aux environs des gens armés pour empêcher les curieux d'approcher aux heures des prières.

— Et ensuite?

— Ensuite, ils ont attendu le lever d'une étoile qu'ils appellent *Sochra* ; c'est l'étoile de Vénus. Ils lui font une prière.

— C'est encore un reste, sans doute, de l'adoration d'Astarté.

— Attendez. Ils se sont mis ensuite à compter les étoiles filantes. Quand cela est arrivé à un certain nombre, ils en ont tiré des augures, et puis, les trouvant favorables, ils sont entrés tous dans le temple et ont commencé la cérémonie. Pendant les prières, les femmes entraient une à une, et, au moment du sacrifice les lumières se sont éteintes.

— Et qu'est devenu le Marseillais?

— On lui avait dit ce qu'il fallait faire, parce qu'il n'y a pas là à choisir; c'est comme un mariage qui se ferait les yeux fermés...

— Eh bien! c'est leur manière de se marier, voilà tout, et, du moment qu'il y a consécration, l'énormité du fait me semble beaucoup diminuée ; c'est même une coutume très-favorable aux femmes laides.

— Vous ne comprenez pas ! Ils sont mariés en outre, et chacun est tenu d'amener sa femme. Le grand cheik lui-même, qu'ils appellent le *mékaddam*, ne peut se refuser à cette pratique égalitaire.

— Je commence à être inquiet du sort de votre ami.

—Mon ami se trouvait dans le ravissement du lot qui lui était échu... Il se dit : Quel dommage de ne pas savoir qui l'on a aimé un instant ! Les idées de ces gens-là sont absurdes...

— Ils veulent sans doute que personne ne sache au juste quel est son père ; c'est pousser un peu loin la doctrine de l'égalité. L'Orient est plus avancé que nous dans le communisme.

— Mon ami, reprit le Marseillais, eut une idée bien ingénieuse ; il coupa un morceau de la robe de la femme qui était près de lui, se disant : Demain matin, au grand jour, je saurai à qui j'ai eu affaire.

— Oh ! oh !

— Monsieur, continua le Marseillais, quand ce

fut au point du jour, chacun sortit sans rien dire, après que les officiants eurent appelé la bénédiction du bon Dieu... ou, qui sait, peut-être, du diable, sur la postérité de tous ces mariages. Voilà mon ami qui se met à guetter les femmes, dont chacune avait repris son voile. Il reconnaît bientôt celle à qui il manquait un morceau de sa robe. Il la suit jusqu'à sa maison sans avoir l'air de rien, et puis il entre un peu plus tard chez elle comme quelqu'un qui passe. Il demande à boire : cela ne se refuse jamais dans la montagne, et voilà qu'il se trouve entouré d'enfants et de petits-enfants... Cette femme était une vieille !

— Une vieille !

— Oui, monsieur ! et vous jugez si mon ami fut content de son expédition...

— Pourquoi vouloir tout approfondir ? Ne valait-il pas mieux conserver l'illusion ? Les mystères antiques ont eu une légende plus gracieuse, celle de Psyché.

— Vous croyez que c'est une fable que je vous conte ; mais tout le monde sait cette histoire à Tripoli. Maintenant, que dites-vous de ces paroissiens-là et de leurs cérémonies ?

— Votre imagination va trop loin, dis-je au

Marseillais ; la coutume dont vous parlez n'a lieu que dans une secte repoussée de toutes les autres. Il serait aussi injuste d'attribuer de pareilles mœurs aux Ansariens et aux Druses que de faire rentrer dans le christianisme certaines folies analogues attribuées aux anabaptistes ou aux vaudois.

Notre discussion continua quelque temps ainsi. L'erreur de mon compagnon me contrariait dans les sympathies que je m'étais formées à l'égard des populations du Liban, et je ne négligeai rien pour le détromper, tout en accueillant les renseignements précieux que m'apportaient ses propres observations.

La plupart des voyageurs ne saisissent que les détails bizarres de la vie et des coutumes de certains peuples. Le sens général leur échappe et ne peut s'acquérir en effet que par des études profondes. Combien je m'applaudissais d'avoir pris d'avance une connaissance exacte de l'histoire et des doctrines religieuses de tant de populations du Liban, dont le caractère m'inspirait de l'estime ! Dans le désir que j'avais de me fixer au milieu d'elles, de pareilles données ne m'étaient pas indifférentes, et j'en avais besoin pour résister à la plupart des préjugés européens.

En général, nous ne nous intéressons en Syrie qu'aux Maronites, catholiques comme nous, et tout au plus encore aux Grecs, aux Arméniens et aux Juifs, dont les idées s'éloignent moins des nôtres que celles des musulmans ; nous ne songeons pas qu'il existe une série de croyances intermédiaires capables de se rattacher aux principes de civilisation du nord, que l'islamisme repoussera toujours.

La Syrie est certainement le seul point de l'Orient où l'Europe puisse poser solidement le pied et peut-être établir des colonies florissantes, ainsi que le fit l'ancienne Grèce. Partout ailleurs il faudrait refouler les populations arabes ou craindre constamment leur rébellion, comme il arrive en Algérie. Une moitié au moins des populations syriennes se compose soit de chrétiens, soit de races hostiles à la domination musulmane. Il faudrait même ajouter à ce nombre une grande partie des Arabes du désert, qui, comme les Persans, appartiennent à la secte d'Ali.

V. — LE DINER DU PACHA.

La journée était avancée, et la fraîcheur amenée par la brise maritime mettait fin au sommeil des gens de la ville. Nous sortîmes du café et je commençais à m'inquiéter du dîner ; mais les cavas, dont je ne comprenais qu'imparfaitement le baragouin plus turc qu'arabe, me répétaient toujours *ti sabir*, comme des Levantins de Molière.

— Demandez-leur donc ce que je dois savoir, dis-je enfin au Marseillais.

— Ils disent qu'il est temps de retourner chez le pacha.

— Pourquoi faire?

— Pour dîner avec lui.

— Ma foi, dis-je, je n'y comptais plus ; le pacha ne m'avait pas invité.

— Du moment qu'il vous faisait accompagner, cela allait de soi-même.

— Mais, dans ces pays-ci, le dîner a lieu ordinairement vers midi.

— Non pas chez les Turcs, dont le repas principal se fait au coucher du soleil, après la prière.

Je pris congé du Marseillais et je retournai au kiosque du pacha. En traversant la plaine couverte d'herbes sauvages brûlées par le soleil, j'admirais l'emplacement de l'ancienne ville, si puissante et si magnifique, aujourd'hui réduite à cette langue de terre informe qui s'avance dans les flots et où se sont accumulés les débris de trois bombardements terribles depuis cinquante ans. On heurte à tout moment du pied dans la plaine des débris de bombes et des boulets dont le sol est criblé.

En rentrant au pavillon où j'avais été reçu le matin, je ne vis plus d'amas de chaussures au bas de l'escalier, plus de visiteurs encombrant le *mabahim* (pièce d'entrée); on me fit seulement traverser la salle aux pendules, et je trouvai dans la pièce suivante le pacha qui fumait, assis sur l'appui de la fenêtre; et qui, se levant sans façon, me donna une poignée de main à la française. Comment cela va-t-il? Vous êtes-vous bien promené dans notre belle ville? me dit-il en français, avez-vous tout vu? » Son accueil était si différent de celui du matin, que je ne pus m'empêcher d'en faire paraître quelque surprise.

— Ah! pardon, me dit-il, si je vous ai reçu ce matin *en pacha*. Ces braves gens qui se trouvaient dans la salle d'audience ne m'auraient point pardonné de manquer à l'étiquette en faveur d'un *Frangi*. A Constantinople, tout le monde comprendrait cela; mais ici nous sommes *en province*.

Après avoir appuyé sur ce dernier mot, Méhmet-Pacha voulut bien m'apprendre qu'il avait habité longtemps Metz en Lorraine comme élève de l'école préparatoire d'artillerie. Ce détail me mit tout-à-fait à mon aise en me fournissant l'occasion de lui parler de quelques-uns de mes amis qui avaient été ses camarades. Pendant cet entretien, le coup de canon du port annonçant le coucher du soleil retentit du côté de la ville. Un grand bruit de tambours et de fifres annonça l'heure de la prière aux Albanais répandus dans les cours. Le pacha me quitta un instant, sans doute pour aller remplir ses devoirs religieux ; ensuite il revint et me dit : — Nous allons dîner à l'européenne.

En effet, on apporta des chaises et une table haute, au lieu de retourner un tabouret et de poser dessus un plateau de métal et des coussins autour, comme cela se fait d'ordinaire. Je sentis tout ce qu'il y avait d'obligeant dans le procédé du pacha, et toutefois, je l'avouerai, je n'aime pas ces coutumes de l'Europe envahissant peu à peu l'Orient ; je me plaignis au pacha d'être traité par lui en touriste vulgaire.

— Vous venez bien me voir en habit noir !... me dit-il.

La réplique était juste ; pourtant je sentais bien que j'avais eu raison. Quoi que l'on fasse, et si loin que l'on puisse aller dans la bienveillance d'un Turc, il ne faut pas croire qu'il puisse y avoir fusion entre notre façon de vivre et la sienne. Les coutumes européennes qu'il adopte dans certains cas deviennent une sorte de terrain neutre où il nous accueille sans se livrer lui-même ; il consent à imiter nos mœurs comme il use de notre langue, mais à l'égard de nous seulement. Il ressemble à ce personnage de ballet qui est moitié paysan et moitié seigneur ; il montre à l'Europe le côté *genteleman*, il est toujours un pur *Osmanli* pour l'Asie. Les préjugés des populations font d'ailleurs de cette politique une nécessité.

Au demeurant, je retrouvai dans Méhmet-Pacha un très-excellent homme, plein de politesse et d'affabilité, attristé vivement de la situation que les puissances font à la Turquie, en ne lui permettant ni de vivre ni de mourir. Il me racontait comment il venait de quitter la haute position de pacha de Topana à Constantinople, par ennui des tracasseries consulaires. — Imaginez, me disait-il, une grande ville où cent mille individus échappent à l'action de la justice locale ; il n'y a pas là un voleur, un assassin, un débauché qui ne parvienne à se mettre sous la protection d'un consulat quelconque. Ce sont vingt polices qui s'annulent l'une par l'autre, et c'est le pacha qui est responsable pourtant !... Ici, nous ne sommes guère plus heureux, au milieu de sept à huit peuples différents qui ont leurs cheiks, leurs cadis et leurs émirs. Nous consentons à les laisser tranquilles dans leurs montagnes, pourvu qu'ils paient le tribut.... Eh bien ! il y a trois ans que nous n'en avons pas reçu un para !

Je vis que ce n'était pas encore l'instant de parler en faveur du cheik druse prisonnier à Beyrouth, et je portai la conversation sur un autre sujet. Après le dîner, j'espérais que Méhmet suivrait au moins l'ancienne coutume en me régalant d'une danse d'almées, car je savais bien qu'il ne pousserait pas la courtoisie française jusqu'à me présenter à ses femmes; mais je devais subir l'Europe jusqu'au bout. Nous descendîmes à une salle de billard où il fallut faire des carambolages jusqu'à une heure du matin. Je me laissai gagner tant que je pus, aux grands éclats de rire du pacha, qui se rappelait avec joie ses amusements de l'école de Metz.

— Un Français, un Français qui se laisse battre! s'écriait-il.

— Je conviens, disais-je, que Saint-Jean-d'Acre n'est pas favorable à nos armes ; mais ici vous combattez seul, et l'ancien pacha d'Acre avait les canons de l'Angleterre.

Nous nous séparâmes enfin. On me conduisit dans une salle très grande éclairée par un cierge, placé à terre au milieu, dans un chandelier énorme. Ceci rentrait dans les coutumes locales. Les esclaves me firent un lit avec des coussins disposés à terre sur lesquels on étendit des draps cousus d'un seul côté avec les couvertures ; je fus en outre gratifié d'un grand bonnet de nuit en soie jaune matelassée qui avait des côtes comme un melon.

IV. — CONCLUSION.

J'interromps ici mon itinéraire, je veux dire ce relevé, jour par jour, heure par heure, d'impressions locales qui n'ont de mérite qu'une minutieuse réalité. Il y a des moments où la vie multiplie ses pulsations en dépit des lois du temps, comme une horloge folle dont la chaîne est brisée, d'autres où tout se traîne en sensations inappréciables ou peu dignes d'être notées. Te parlerai-je de mes pérégrinations dans la montagne, parmi des lieux qui n'offriraient qu'une topographie aride, au milieu d'hommes dont la physionomie ne peut être saisie qu'à la longue et dont l'attitude grave, la vie uniforme, prêtent beaucoup moins au pittoresque que les populations bruyantes et contrastées des villes? Il me semble, depuis quelque temps, que je vis dans un siècle d'autrefois ressuscité par magie; l'âge féodal m'entoure avec ses institutions immobiles comme la pierre du donjon qui les a gardées. Apres montagnes, noirs abîmes où les feux de midi découpent des cercles de brume, fleuves et torrents, illustres comme des ruines, qui roulez encore les colonnes des temples et les idoles brisées des dieux; neiges éternelles qui couronnez des monts dont le pied s'allonge dans les champs de braise du désert; horizons lointains des vallées que la mer emplit à moitié de ses flots bleus; forêts odorantes de cèdre et de cinnamome; rochers sublimes où retentit la cloche des ermitages; containes célébrées par la muse biblique où les jeunes filles se pressent le soir, portant sur le front leurs urnes élancées; oui, vous êtes pour l'Européen la terre paternelle et sainte, vous êtes enfore la patrie. Laissons Damas, la ville arabe, s'épanouir au bord du désert et saluer le soleil levant du haut de ses minarets ; mais le Liban et le Carmel sont l'héritage des Croisades ! il faut qu'ils appartiennent, sinon à la croix seule, du moins à ce que la croix symbolise, à la liberté.

Je résume pour toi les changements qui se sont accumulés depuis quelques mois dans mes destinées errantes. — Tu sais avec quelle bonté le pacha d'Acre m'avait accueilli à mon passage. Je lui ai fait enfin la confidence entière du projet que j'avais formé d'épouser la fille du cheik Eschérazy, et de l'aide que j'attendais de lui en cette occasion. Il s'est mis à rire d'abord avec l'entraînement naïf des Orientaux en me disant : — Ah çà ! vous y tenez décidément ? — Absolument, répondis-je. Voyez-vous, on peut bien dire cela à un musulman ; il y a dans cette affaire un enchaînement de fatalités. C'est en Egypte qu'on m'a donné l'idée du mariage : la chose y paraît si simple, si douce, si facile, si dégagée de toutes les entraves qui nuisent en Europe à cette institution, que j'en ai accepté et couvé amoureusement l'idée ; mais je suis difficile, je l'avoue, et puis, sans doute, beaucoup d'Européens ne se font là-dessus aucun scrupule... cependant cet achat de filles à leurs parents m'a toujours semblé quelque chose de révoltant. Les Cophtes, les Grecs qui font de tels marchés avec les Européens, savent bien que ces mariages n'ont rien de sérieux, malgré une prétendue consécration religieuse... J'ai hésité, j'ai réfléchi, j'ai fini par acheter une esclave avec le prix que j'aurais mis à une épouse. Mais on ne touche guère impunément aux mœurs d'un monde dont on n'est pas ; cette femme, je ne puis ni la renvoyer, ni la vendre, ni l'abandonner sans scrupule, ni même l'épouser sans folie. Pourtant c'est une chaîne à mon pied, c'est moi qui suis l'esclave, c'est la fatalité qui me retient ici, vous le voyez bien !

— N'est-ce que cela ? dit le pacha, donnez-la moi... pour un cheval, pour ce que vous voudrez, sinon pour de l'argent ; nous n'avons pas les mêmes idées que vous, nous autres.

— Pour la liberté du cheik Eschérazy, lui dis-je : au moins, ce serait un noble prix.

— Non, dit-il, une grace ne se vend pas.

— Eh bien ! vous voyez, je retombe dans mes incertitudes. Je ne suis pas le premier Franc qui ait acheté une esclave ; ordinairement on laisse la pauvre fille dans un couvent, elle fait une conversion éclatante dont l'honneur rejaillit sur son maître et sur les pères qui l'ont instruite ; puis elle se fait religieuse ou devient ce qu'elle peut, c'est-à-dire souvent malheureuse. Ce serait pour moi un remords épouvantable.

— Et que voulez-vous faire ?

— Épouser la jeune fille dont je vous ai parlé, et à qui je donnerai l'esclave comme présent de noces, comme douaire ; elles sont amies, elles vivront ensemble. Je vous dirai de plus que c'est l'esclave elle-même qui m'a donné cette idée. La réalisation dépend de vous.

Je t'expose sans ordre les raisonnements que je fis pour exciter et mettre à profit la bienveillance du pacha. — Je ne puis presque rien, me dit-il enfin ; le pachalik d'Acre n'est plus ce qu'il était jadis ; on l'a partagé en trois gouvernements, et je n'ai sur celui de Beyrouth qu'une autorité nominale. Supposons de plus que je parvienne à faire mettre en liberté le cheik, il acceptera ce bienfait sans reconnaissance... Vous ne connaissez pas ces gens-là ! J'avouerai que ce cheik mérite quelques égards. A l'époque des derniers troubles, sa femme a été tuée par les Albanais. Le ressentiment l'a conduit à des imprudences et le rend dangereux encore. S'il veut promettre de rester tranquille à l'avenir, on verra.

J'appuyai de tout mon pouvoir sur cette bonne disposition, et j'obtins une lettre pour le gouverneur de Beyrouth, Essad-Pacha. Ce dernier, auprès duquel l'Arménien, mon ancien compagnon de route, m'a été de quelque utilité, a consenti à envoyer son prisonnier au kaïmakan druse, en réduisant son affaire, compliquée précédemment de rébellion, à un simple refus d'impôts pour lequel il deviendra facile de prendre des arrangements.

Tu vois que les pachas eux-mêmes ne peuvent pas tout dans ce pays, sans quoi l'extrême bonté de Mehmet pour moi eût aplani tous les obstacles. Peut-être aussi a-t-il voulu m'obliger plus délicatement en déguisant son intervention près des fonctionnaires inférieurs. Le fait est que je n'ai eu qu'à me présenter de sa part au kaïmakan pour en être admirablement accueilli; le cheik avait été déjà transféré à Deir-Khamar, résidence actuelle de ce personnage, héritier pour une part de l'ancienne autorité de l'émir Béchir. Il y a, comme tu sais, aujourd'hui un kaïmakan (gouverneur) pour les Druses et un autre pour les Maronites; c'est un pouvoir mixte qui dépend au fond de l'autorité turque, mais dont l'institution ménage l'amour-

propre national de ces peuples et leur prétention à
se gouverner par eux-mêmes.

Tout le monde a décrit Deïr-Khamar et son amas
de maisons à toits plats s'échelonnant sur un mont
abrupt comme l'escalier d'une Babel ruinée. Beit-
Eddin, l'antique résidence des émirs de la montagne, occupe un autre pic qui semble toucher celui-
là, mais qu'une vallée profonde en sépare. Si de
Deïr-Khamar vous regardez Beit-Eddin, vous
croyez voir un château de fées; ses arcades ogivales, ses terrasses hardies, ses colonnades, ses
pavillons et ses tourelles offrent un mélange de tous
les styles plus éblouissant comme masse que satis-
faisant dans les détails. Ce palais est bien le symbole de la politique des émirs qui l'habitaient. Il
est païen par ses colonnes et ses peintures, chrétien
par ses tours et ses ogives, musulman par ses dômes et ses kiosques; il contient le temple, l'église
et la mosquée, enchevêtrés dans ses constructions.
A la fois palais, donjon et sérail, il ne lui reste
plus aujourd'hui qu'une portion habitée, c'est la
prison.

C'est là qu'on avait provisoirement logé le cheik
Eschérazy, heureux du moins de n'être plus sous
la main d'une justice étrangère. Dormir sous les

voûtes du vieux palais de ses princes, c'était un adoucissement sans doute ; on lui avait permis de garder près de lui sa fille, autre faveur qu'il n'avait pu obtenir à Beyrouth. Toutefois le kaïmakan, étant responsable du prisonnier ou de la dette, le faisait garde rétroitement.

J'obtins la permission de visiter le cheik, comme je l'avais fait à Beyrouth ; ayant pris un logement à Deïr-Khamar, je n'avais à traverser que la vallée intermédiaire pour gagner l'immense terrasse du palais, d'où, parmi les cimes des montagnes, on voit au loin resplendir un pan bleu de mer. Les galeries sonores, les salles désertes, naguère pleines de pages, d'esclaves et de soldats, me faisaient penser à ces châteaux de Walter Scott que la chute des Stuarts a dépouillés de leurs splendeurs royales. La majesté des scènes de la nature ne parlait pas moins hautement à mon esprit... Je sentis qu'il fallait franchement m'expliquer avec le cheik et ne pas lui dissimuler les raisons que j'avais eues de chercher à lui être utile. Rien n'est pire que l'effusion d'une reconnaissance qui n'est pas méritée.

Aux premières ouvertures que j'en fis avec grand embarras, il se frappa le front du doigt.

— *Enté medjnoun* (es-tu fou?) me dit-il.

— *Medjnoun*, dis-je, c'est le surnom d'un amoureux célèbre, et je suis loin de le repousser.

— Aurais-tu vu ma fille? s'écria-t-il.

L'expression de son regard était telle dans ce moment, que je songeai involontairement à une histoire que le pacha d'Acre m'avait contée en me parlant des Druses. Le souvenir n'en était pas gracieux assurément. Un kyaya lui avait raconté ceci : « J'étais endormi, lorsqu'à minuit j'entends heurter à la porte; je vois entrer un Druse portant un sac sur ses épaules. — Qu'apportez-vous là? lui dis-je. — Ma sœur avait une intrigue, et je l'ai tuée. Ce sac renferme son *tantour* (corne d'orfévrerie que les femmes druses portent sur la tête.) — Mais il y a deux tantours dans le sac? — C'est que j'ai tué aussi la mère, qui avait connaissance du fait. Il n'y a de force et de puissance qu'en Dieu très-haut. Le Druse avait apporté ces bijoux de ses victimes pour apaiser la justice turque. Le kyaya le fit arrêter et lui dit : — Va dormir, je te parlerai demain. Le lendemain, il lui dit : — Je suppose que tu n'as pas dormi? — Au contraire, lui dit l'autre. Depuis un an que je soupçonnais ce déshonneur, j'avais perdu le sommeil; je l'ai retrouvé cette nuit. »

Ce souvenir me revint comme un éclair ; il n'y avait pas à balancer. Je n'avais rien à craindre pour moi sans doute ; mais ce prisonnier avait sa fille près de lui : ne pouvait-il pas la soupçonner d'autre chose encore que d'avoir été vue sans voile ? Je lui expliquai mes visites chez Mme Carlès, bien justifiées, certes, par le séjour qu'y faisait mon esclave, l'amitié que cette dernière avait pour sa fille, le hasard qui me l'avait fait rencontrer ; je glissai sur la question du voile qui pouvait s'être dérangé par hasard... Je pense, dans tous les cas, qu'il ne put douter de ma sincérité. Chez tous les peuples du monde, ajoutai-je, on demande une fille en mariage à son père, et je ne vois pas la raison de votre surprise. Vous pouvez penser, par les relations que j'ai dans ce pays, que ma position n'est pas inférieure à la vôtre. Pour ce qui est de la religion, je n'accepterais pas d'en changer pour le plus beau mariage de la terre ; mais je connais la vôtre, je sais qu'elle est très-tolérante et qu'elle admet toutes les formes possibles de cultes et toutes les révélations connues comme des manifestations diverses, mais également saintes, de la divinité. Je partage pleinement ces idées, et, sans cesser d'être chrétien, je crois pouvoir...

— Eh, malheureux! s'écria le cheik, c'est impossible : *la plume est brisée, l'encre est sèche, le livre est fermé!*

— Que voulez-vous dire ?

— Ce sont les paroles mêmes de notre loi. Personne ne peut plus entrer dans notre communion.

— Je pensais que l'initiation était ouverte à tous.

— Aux *djahels* (ignorants) qui sont de notre peuple, et qui s'élèvent par l'étude et par la vertu, mais non pas aux étrangers, car notre peuple est seul élu de Dieu.

— Cependant vous ne condamnez pas les autres.

— Pas plus que l'oiseau ne condamne l'animal qui se traîne à terre. La parole vous a été prêchée et vous ne l'avez pas écoutée.

— En quel temps ?

— Du temps de *Hamza*, le prophète de notre seigneur Hakem.

— Mais avons-nous pu l'entendre ?

— Sans doute, car il a envoyé des missionnaires *(days)* dans toutes les *îles* (régions).

— Et quelle est notre faute ? nous n'étions pas nés.

— Vous existiez dans d'autres corps, mais vous

aviez le même esprit. Cet esprit immortel comme le nôtre est resté fermé à la parole divine. Il a montré par là sa nature inférieure. Tout est dit pour l'éternité.

On n'étonne pas facilement un garçon qui a fait sa philosophie en Allemagne, et qui a lu dans le texte original la *Symbolique* de Kreutzer. Je concédai volontiers au digne akkal sa doctrine de transmigration, et je lui dis, partant de ce point :

— Lorsque les *days* ont semé la parole dans le monde, vers l'an 1000 de l'ère chrétienne, ils ont fait des prosélytes, n'est-ce pas, ailleurs que dans ces montagnes ? Qui te prouve que je ne descends pas de ceux-là ? Veux-tu que je te dise où croît la plante nommée *aliledj* (plante symbolique) ?

— L'a-t-on semée dans ton pays ?

— Elle ne croît que dans le cœur des fidèles unitaires pour qui Hakem est le vrai Dieu.

— C'est bien la phrase sacramentelle ; mais tu peux avoir appris ces paroles de quelque renégat.

— Veux-tu que je te récite le catéchisme druse tout entier ?

— Les Francs nous ont volé beaucoup de livres, et la science acquise par les infidèles ne peut provenir que des mauvais esprits. Si tu es l'un des

Druses des autres *îles*, tu dois avoir ta pierre noire (*horse*). Montre-la, nous te reconnaîtrons.

— Tu la verras plus tard, lui dis-je... mais au fond je ne savais de quoi il voulait parler. Je rompis l'entretien pour cette fois-là, et, lui promettant de le revenir voir, je retournai à Deïr-Khamar.

Je demandai le soir même au kaïmakan, comme par une simple curiosité d'étranger, ce que c'était que le *horse*; il ne fit pas difficulté de me dire que c'était une pierre taillée en forme d'animal que tous les Druses portent sur eux comme signe de reconnaissance, et qui, trouvée sur quelques morts, avait donné l'opinion qu'ils adoraient un veau, chose aussi absurde que de croire les chrétiens adorateurs de l'agneau ou du pigeon symbolique. Ces pierres, qu'à l'époque de la propagande primitive on distribuait à tous les fidèles, se transmettaient de père en fils.

Il me suffisait donc d'en trouver une pour convaincre l'akkal que je descendais de quelque ancien fidèle; mais ce mensonge me répugnait. Le kaïmakan, plus éclairé par sa position et plus ouvert aux idées de l'Europe que ses compatriotes, me donna des détails qui m'éclairèrent tout à coup.

Mon ami, j'ai tout compris, tout deviné en un instant ; mon rêve absurde devient ma vie, l'impossible s'est réalisé !

Cherche bien, accumule les suppositions les plus baroques, ou plutôt jette ta langue aux chiens, comme dit Mme de Sévigné. Apprends maintenant une chose dont je n'avais moi-même jusqu'ici qu'une vague idée. Les akkals druses sont les francs-maçons de l'Orient.

Il ne faut pas d'autres raisons pour expliquer l'ancienne prétention des Druses de descendre de certains chevaliers des croisades. Ce que leur grand émir Fakardin déclarait à la cour des Médicis en invoquant l'appui de l'Europe contre les Turcs, ce qui se trouve si souvent rappelé dans les lettres-patentes de Henri IV et de Louis XIV en faveur des peuples du Liban, est véritable au moins en partie. Pendant les deux siècles qu'a duré l'occupation du Liban par les chevaliers du temple, ces derniers y avaient jeté les bases d'une institution profonde. Dans leur besoin de dominer des nations de races et de religions différentes, il est évident que ce sont eux qui ont établi ce système d'affiliations maçonniques, tout empreint au reste des coutumes locales. Les idées orientales qui, par suite, pénétrèrent dans leur ordre ont été cause en partie des accusations d'hérésie qu'ils subirent en Europe. La franc-maçonnerie a, comme tu sais, hérité de la doctrine des templiers; voilà le rapport établi, voilà pourquoi les Druses parlent de leurs coreligionnaires d'Europe, dispersés dans divers pays, et principalement dans les montagnes de l'Écosse (*djebel-el-Scouzia*). Ils entendent par là les compagnons et maîtres *écossais*, ainsi que les rose-croix, dont le grade correspond à celui d'ancien templier (1).

Mais tu sais que je suis moi-même l'un des *enfants de la veuve,* un *louveteau* (fils de maître), que j'ai été nourri dans l'horreur du meurtre d'Adoniram et dans l'admiration du saint Temple, dont les colonnes ont été des cèdres du mont Liban. Sérieusement, la maçonnerie est bien dégénérée parmi nous : — tu vois pourtant que cela peut servir en voyage. Bref, je ne suis plus pour les Druses un infidèle, je suis un *muta-darassin*, un

---

(1) Les missionnaires anglais appuient beaucoup sur cette circonstance pour établir parmi les Druses l'influence de leur pays. Ils leur font croire que le *rite écossais* est particulier à l'Angleterre. On peut s'assurer que la maçonnerie française a la première compris ces rapports, puisqu'elle fonda à l'époque de la révolution les loges des *Druses réunis,* des *Commandeurs du Liban,* etc.

étudiant. Dans la maçonnerie, cela correspondrait au grade d'apprenti ; il faut ensuite devenir compagnon (*réfik*), puis maître (*day*) ; l'akkal serait pour nous le rose-croix ou ce qu'on appelle chevalier *koddosch*. Tout le reste a des rapports intimes avec nos loges, je t'en abrège les détails.

Tu vois maintenant ce qui a dû arriver. J'ai produit mes titres, ayant heureusement dans mes papiers un de ces beaux diplômes maçonniques pleins de signes cabalistiques familiers aux Orientaux. Quand le cheik m'a demandé de nouveau ma pierre noire, je lui ai dit que les templiers français, ayant été brûlés, n'avaient pu transmettre leurs pierres aux francs-maçons, qui sont devenus leurs successeurs spirituels. Il faudrait s'assurer de ce fait, qui n'est que probable ; cette pierre doit être le *bohomet* (petite idole), dont il est question dans le procès des templiers.

A ce point de vue, mon mariage devient de la haute politique. Il s'agit peut-être de renouer les liens qui attachaient autrefois les Druses à la France. Ces braves gens se plaignent de voir notre protection ne s'étendre que sur les catholiques, tandis qu'autrefois les rois de France les comprenaient dans leurs sympathies comme descendants des croisés et *pour ainsi dire* chrétiens (1). Les agents anglais profitent de cette situation pour faire valoir leur appui, et de là les luttes des deux peuples rivaux, druses et maronites, unis autrefois sous les mêmes princes.

Le kaïmakan a permis enfin au cheik Eschérazy de retourner dans son pays et ne lui a pas caché que c'était à mes sollicitations près du pacha d'Acre qu'il devait ce résultat. Le cheik m'a dit : « Si tu as voulu te rendre utile, tu n'as fait que le devoir de chacun ; si tu y avais un intérêt, pourquoi te remercierais-je ? »

Sa doctrine m'étonne sur quelques points, cependant elle est noble et pure, quand on sait bien se l'expliquer. Les akkals ne reconnaissent ni vertus ni crimes. L'homme honnête n'a point de mérite, seulement il s'élève dans l'échelle des êtres comme le vicieux s'abaisse. La transmigration amène le châtiment ou la récompense.

On ne dit pas d'un Druse qu'il est mort, mais qu'il s'est transmigré.

(1) Si frivoles que soient ces pages, elles contiennent une donnée vraie. On peut se rappeler la pétition collective que les Druses et les Maronites ont adressée récemment à la chambre des Députés.

Les Druses ne font pas l'aumône, parce que l'aumône, selon eux, dégrade celui qui l'accepte. Ils exercent seulement l'hospitalité, à titre d'échange dans cette vie ou dans une autre.

Ils se font une loi de la vengeance ; toute injustice doit être punie ; le pardon dégrade celui qui le subit.

On s'élève chez eux non par l'humilité, mais par la science ; il faut se rendre le plus possible semblable à Dieu.

La prière n'est pas obligatoire ; elle n'est d'aucun secours pour racheter une faute.

C'est à l'homme de réparer le mal qu'il a fait, non qu'il ait mal agi peut-être, mais parce que le mal par la force des choses retomberait un jour sur lui.

L'institution des akkals a quelque chose de celle des lettrés de la Chine. Les nobles (*schérifs*) sont obligés de subir les épreuves de l'initiation ; les paysans (*salems*) deviennent leurs égaux ou leurs supérieurs s'ils les atteignent ou les surpassent par cette voie. Le cheik Eschérazy était un de ces derniers.

Je lui ai présenté l'esclave en lui disant : Voici la servante de ta fille. Il l'a regardée avec intérêt, l'a trouvée belle, et depuis ce temps-là les deux femmes restent ensemble.

Nous sommes partis de Beit-Eddin tous quatre sur des mulets; nous avons traversé la plaine de Bekàa, l'ancienne Syrie creuse, et, après avoir gagné Zaklé, nous sommes arrivés à Balbek dans l'Anti-Liban. J'ai rêvé quelques heures au milieu de ces magnifiques ruines, qu'on ne peut plus dépeindre après Volney et Lamartine. Nous avons gagné bientôt la chaîne montueuse qui avoisine le Hauran. C'est là que nous nous sommes arrêtés dans un village où se cultivent la vigne et le mûrier, à une journée de Damas. Le cheik m'a conduit à son humble maison, dont le toit plat est traversé et soutenu par un acacia (l'arbre d'Hiram). A de certaines heures, cette maison s'emplit d'enfants : c'est une école. Tel est le plus beau titre de la demeure d'un akkal.

Tu comprends que je n'ai pas à te décrire ce qui se passe entre moi et ma fiancée. En Orient, les femmes vivent ensemble et les hommes ensemble, à moins de cas particuliers. Seulement cette aimable personne m'a donné une tulipe rouge et a planté dans le jardin un petit acacia qui doit croître avec nos amours. C'est un usage du pays.

Et maintenant j'étudie pour arriver à la dignité de *réfik* (compagnon), où j'espère atteindre dans peu. Le mariage est fixé pour cette époque.

Je fais de temps en temps une excursion à Balbek. J'y ai rencontré, chez l'évêque maronite, le père Planchet, qui se trouvait en tournée. Il n'a pas trop blâmé ma résolution, mais il m'a dit que mon mariage n'en serait pas un. Élevé dans des idées philosophiques, je me préoccupe fort peu de cette opinion d'un jésuite. Pourtant n'y aurait-il pas moyen d'amener dans le Liban la mode des *mariages mixtes*? J'y réfléchirai.

APPENDICE.

LES HAREMS.

L'homme qui a atteint l'âge de se marier et qui ne se marie pas n'est point considéré en Égypte, et s'il ne peut alléguer de motifs plausibles qui le forcent à rester célibataire, sa réputation en souffre. Aussi voit-on beaucoup de mariages dans ce pays.

Le lendemain de la noce, la femme prend possession du *Harem*, qui est une partie de la maison séparée du reste. Des filles et des garçons dansent devant la maison conjugale, ou dans une de ses cours intérieures. Ce jour-là, si le marié est jeune, l'ami qui, la veille, l'a porté jusqu'au Harem (1) vient chez lui accompagné d'autres amis; l'on emmène le marié à la campagne pour toute la journée. Cette cérémonie est nommée *El-Huroubeh* (la fuite). Quelquefois le marié lui-même arrange cette fête et fournit à une partie de la dépense, si elle dépasse le montant de la contribution

---

(1) Le marié, s'il est jeune et célibataire, doit paraître timide, et c'est un de ses amis qui, feignant de lui faire violence, le porte jusqu'à la chambre nuptiale du harem.

(*Nukout*) que ses amis se sont imposée. Pour égayer la fête, on loue souvent des musiciens et des danseuses. Si le mari est d'une classe inférieure, il est reconduit chez lui processionnellement, précédé de trois ou quatre musiciens qui jouent du hautbois et battent du tambour ; les amis et ceux qui accompagnent le nouveau marié portent des bouquets. S'ils ne rentrent qu'après le coucher du soleil, ils sont accompagnés d'hommes portant des *Meshals*, espèce de perche munie d'un réceptacle de forme cylindrique en fer, dans lequel on place du bois enflammé. Ces perches supportent quelquefois deux, trois, quatre ou cinq de ces fanaux qui jettent une vive lumière sur le passage de la procession. D'autres personnes portent des lampes, et les amis du marié des cierges allumés et des bouquets. Si le mari est assez à son aise pour le faire, il prend ses arrangements de façon que sa mère puisse demeurer avec lui et sa femme, afin de veiller à l'honneur de celle-ci et au sien. C'est pour cela, dit-on, que la belle-mère de sa femme est nommée *Hama*; ce qui veut dire protectrice ou gardienne.

Quelquefois le mari laisse sa femme chez la propre mère de celle-ci, et paie l'entretien de toutes deux. On croirait que cette manière d'agir devrait rendre la mère de la mariée soigneuse de la conduite de sa fille, ne fût-ce que par intérêt, pour conserver la pension que lui fait le mari, et empêcher que celui-ci ne trouve un prétexte pour divorcer. Mais il arrive trop souvent que cet espoir est trompé.

En général, un homme prudent qui se marie craint beaucoup les rencontres de sa femme avec sa belle-mère ; il tâche de lui ôter toute occasion de voir sa fille, et ce préjugé est si enraciné que l'on croit beaucoup plus sûr de prendre pour épouse une femme qui n'a ni mère ni proche parente : il est même défendu à quelques femmes de recevoir aucune amie du sexe féminin, si ce n'est celles qui sont parentes du mari. Cependant cette restriction n'est pas généralement observée.

Comme nous l'avons dit plus haut, les femmes habitent le harem, partie séparée du domicile des Egyptiens; mais, en général, celles qui ont le titre d'*épouses* ne sont pas considérées comme prisonnières. Elles ont ordinairement la liberté de sortir et de faire des visites, et elles peuvent recevoir presqu'aussi souvent qu'elles le désirent la visite des femmes leurs amies. Il n'y a que les esclaves qui ne jouissent pas de cette liberté, à cause de leur état de servitude qui les rend soumises aux épouses et aux maîtres.

Un des soins principaux du maître en arrangeant les appartements séparés qui doivent servir à l'habitation de ses femmes, est de trouver les moyens d'empêcher qu'elles puissent être vues par des domestiques mâles ou d'autres hommes, sans être couvertes selon les règles que la religion prescrit. Le *Koran* contient à ce sujet les paroles suivantes, qui démontrent la nécessité où est toute *Muslime*, femme d'un homme d'origine arabe, de cacher aux hommes tout ce qui est attrayant en elle, ainsi que les ornements qu'elle porte:

« Dites aux femmes des croyants qu'elles doivent commander
» à leurs yeux et préserver leur modestie de toute atteinte;
» qu'elles ne doivent point faire voir d'autres ornements que ceux
» qui se montrent d'eux-mêmes: qu'elles doivent étendre leurs
» voiles sur leurs seins, et ne montrer leurs ornements qu'à leurs
» maris, ou à leur père ou au père de leurs maris, ou à leurs fils,
» ou aux fils de leurs maris, ou à leurs frères, ou aux fils de
» leurs frères, ou aux fils de leurs sœurs, *ou aux femmes de ceux-*
» *ci*, ou à ceux *des esclaves* qu'elles possèdent, ainsi qu'aux
» hommes qui les servent et n'ont besoin ni de femmes ni d'en-
« fants. — Les femmes s'abstiendront de faire du bruit avec leurs

» pieds de manière à découvrir les ornements qu'elles doivent
» cacher. » — Ce dernier passage fait allusion à la coutume
qu'avaient les jeunes Arabes, du temps du Prophète, de frapper
l'un contre l'autre, les ornements qu'elles portaient généralement
au dessus de la cheville du pied. Beaucoup de femmes égyptiennes
ont conservé ce même genre d'ornements.

Pour expliquer le passage ci-dessus du *Koran*, qui sans cela
pourrait prêter à une fausse idée des coutumes modernes, au
sujet de l'admission ou de la non admission de certaines personnes
au harem, il est très nécessaire de transcrire ici deux notes importantes, tirées d'illustres commentateurs.

La première se rapporte à l'expression: « *ou aux femmes de
ceux-ci.* » C'est-à-dire que ces femmes doivent être de la religion
de Mahomet, car il est considéré comme illégal ou au moins
comme indécent qu'une femme qui est une vraie croyante se
découvre devant ce qu'on appelle une infidèle, parce que l'on
pense que cette dernière ne s'abstiendra pas de la décrire aux
hommes. D'autres pensent qu'en général les femmes étrangères
doivent être repoussées du Harem, mais les docteurs de la foi ne
sont pas d'accord sur ce point. Il est constant qu'en Égypte, et
peut-être aussi dans tous les autres pays ou l'Islamisme est professé, on ne trouve plus inconvenant qu'une femme, qu'elle soit
libre, domestique, esclave, chrétienne ou juive, Muslime ou
païenne, soit admise dans un harem. Pour ce qui est de la
seconde partie, où il est parlé d'*esclaves,* on lit dans le *Koran*:
« Les esclaves des deux sexes font partie de l'exception; on croit
» aussi que les domestiques qui ne sont pas esclaves sont compris dans l'exception, ainsi que ceux qui sont de nations étrangères. » A l'appui de cette allégation, on cite que « Mahomet
» ayant fait à sa fille Fatime cadeau d'un homme esclave, celle-
» ci le voyant entrer, n'ayant qu'un voile si exigu qu'elle devait

» opter entre la nécesssité de laisser sa tête découverte ou de
» découvrir la partie inférieure de son corps, se tourna vers le
» prophète, son père, lequel voyant son embarras, lui dit, qu'elle
» ne devait avoir aucun doute, puisque son père et un esclave
» étaient seuls présents. » — Il est possible que cette coutume
soit en usage chez les Arabes des déserts, mais en Égypte on ne
voit jamais un esclave adulte pénétrer dans le Harem d'un homme
considérable, soit qu'il en fasse partie ou non. L'esclave mâle
d'une femme peut obtenir cette faveur peut-être, parce qu'il ne
peut devenir son mari tant qu'il est esclave.

On s'étonne de ce que dans l'article du Koran dont nous parlons, il n'est nullement question des oncles, comme ayant le privilége de voir leurs nièces sans voiles. Mais on pense que c'est pour éviter qu'ils fassent à leurs fils une description trop séduisante de leurs jeunes cousines. Les Égyptiens considèrent comme très-inconvenant que l'on fasse l'analyse des traits d'une femme ; il est peu poli de dire qu'elle a de beaux yeux, un nez grec, une petite bouche, etc, — en s'adressant à quelqu'un du sexe masculin, auquel la loi défend de la voir; mais on peut la décrire en termes généraux en disant qu'elle est aimable et qu'elle est embellie par le *kohel* et le *henné*. (*)

En général, un homme ne peut voir sans voile que ses femmes légitimes et ses esclaves femelles, ou bien les femmes que la loi lui défend d'épouser, à cause de leur degré trop rapproché de consanguinité, ou parce qu'elles ont été, ou sa nourrice, ou celle de ses enfants, ou qu'elles sont proches parentes de sa nourrice. — Le voile est de la plus haute antiquité.

(*) Le *kohel* est un collyre aromatique qui noircit les paupières supérieures et inférieures, et que l'on obtient en brûlant des coquilles d'amandes auxquelles on ajoute certaines herbes.

Le *henné* est une poudre végétale avec laquelle les femmes teignent certaines parties de leurs mains et de leurs pieds.

On croit en Égypte qu'il est plus nécessaire qu'une femme couvre la partie supérieure, et même le derrière de sa tête, que son visage ; mais ce qui est plus nécessaire encore c'est qu'elle cache plutôt son visage que la plupart des autres parties de son corps : par exemple, une femme qu'on ne peut décider à ôter son voile devant des hommes, ne se fera aucun scrupule de mettre à nu sa gorge, ou presque toute sa jambe.

La plupart des femmes du peuple se montrent en public la face découverte, mais on dit que la nécessité les y force, parce qu'elles n'ont pas les moyens de se procurer des *borghots* (voiles de visage).

Lorsqu'une femme respectable est surprise sans voile, elle se couvre précipitamment de son *tarhah* (voile qui couvre la tête) et elle s'écrie : « O malheur ! ô peine extrême ! » Cependant nous avons remarqué que la coquetterie les engage quelquefois à faire voir leur visage aux hommes, mais toujours comme par l'effet du hasard. Du haut de la terrasse de leurs maisons ou à travers des jalousies, elles ont l'air de regarder sans interruption ce qui se passe autour d'elles, mais alors elles découvrent leur visage avec le dessein bien arrêté qu'il soit vu.

Au Caire, les maisons sont, en général, petites, et l'on n'y trouve guère, au rez-de-chaussée, d'appartements pour les hommes ; il faut donc qu'ils montent au premier étage, où sont, ordinairement, les appartements des femmes. Mais pour éviter des rencontres que l'on qualifie de fâcheuses en Égypte, mais qu'en France on regarderait comme heureuses, les hommes qui montent l'escalier ne discontinuent point de crier bien haut : *Destour!* (permission) *ya sitir!* (Dieu protecteur) ou de faire d'autres exclamations, afin que les femmes qui pourraient se trouver sur cet escalier puissent se retirer, ou tout au moins se voiler, ce qu'elles font en tirant leur voile dont elles se couvrent le visage de manière à ne laisser qu'un œil à peine visible (1).

Les musulmans portent à un tel excès l'idée du caractère sacré des femmes, qu'il est chez eux défendu aux hommes de pénétrer dans les tombeaux de quelques-unes d'entre elles ; par exemple, ils ne peuvent entrer dans ceux des femmes du prophète, ni dans ceux d'autres femmes de sa famille, que l'on trouve dans le cimetière de *El-Médeneh*, tandis qu'il est permis aux femmes de visiter librement tous ces tombeaux, il est curieux aussi de faire la remarque que jamais on ne dépose dans la même tombe un homme et une femme, à moins qu'un mur de séparation ne soit élevé entre les deux cercueils.

Tous les musulmans ne sont pas si rigides au sujet des femmes, car M. *Lane*, l'auteur de ces détails intéressants, dit qu'un de ses amis, musulman, lui a fait voir sa mère, âgée de cinquante ans, mais qui, par son embonpoint et sa fraîcheur, ne paraissait pas en avoir plus de quarante. « Elle venait, dit-il, » jusqu'à la porte du harem, extrême limite pour les visiteurs; » elle s'asseyait contre la porte de la pièce sans vouloir y entrer. » Comme si c'était par accident, elle laissait tomber son voile et » voir son visage à découvert ; ses yeux étaient bordés de *kohel*, » et elle ne s'efforçait pas de cacher ses diamants, ses émerau» des et autres bijoux ; au contraire, elle avait l'air de vouloir les » faire remarquer. Cependant ce musulman ne m'a jamais per» mis de voir sa femme, quoiqu'il m'ait laissé causer avec elle, » en sa présence, à l'angle d'un mur près de la terrasse, d'où je » ne la pouvais pas voir. » Quoi qu'il en soit, les femmes sont généralement moins retenues en Égypte que dans les autres parties de l'Empire Ottoman, il n'est pas rare de voir des femmes

(1) Les femmes ôtent leur voile en présence des eunuques et des jeunes garçons.

badiner en public avec des hommes, mais ceci se passe dans la classe du peuple. On croirait, d'après cela, que les femmes des classes moyennes et plus élevées se sentent souvent fort malheureuses, et détestent la réclusion à laquelle elles sont condamnées ; mais, tout au contraire, une Égyptienne attachée à son mari est offensée si elle jouit de trop de liberté ; elle pense que, ne la surveillant pas si sévèrement que cela doit avoir lieu d'après les usages, son époux n'a plus pour elle autant d'amour, et souvent elle envie le sort des femmes, qui sont surveillées et gardées avec la plus grande sévérité.

Quoique la loi autorise les Égyptiens à prendre *quatre* épouses, et autant de concubines esclaves qu'ils en veulent, on les voit assez ordinairement n'avoir qu'une épouse ou une concubine esclave. Cependant un homme, tout en se bornant à la possession d'une seule femme, peut en changer aussi souvent que la fantaisie lui en prend, et il est rare de trouver au Caire des gens qui n'aient pas divorcé au moins une fois, si leur état d'homme marié date de longtemps. Le mari peut, dès que cela lui plaît, dire à sa femme : *Tu es divorcée,* que ce désir de sa part soit ou non raisonnable. Après la prononciation de cet arrêt, la femme doit quitter la maison du mari, et chercher un abri soit chez des amis ou chez des parents. La faculté qu'ont les hommes de prononcer un divorce injuste est la source de la plus grande inquiétude chez les femmes, et cette inquiétude surpasse toutes les autres peines, lorsqu'elles y voient pour conséquences l'abandon et la misère : d'autres femmes, au contraire, qui voient dans le divorce un moyen d'améliorer leur sort, pensent tout autrement, et appellent le divorce de tous leurs vœux.

Deux fois un homme peut divorcer d'avec la même femme et la reprendre ensuite sans la moindre formalité ; mais la troisième fois il ne peut la reprendre légalement qu'autant qu'elle ait, dans l'intervalle du divorce, contracté un autre mariage et qu'un divorce de ce mariage ait eu lieu.

« Je puis, dit M. Lane, citer à l'appui de ce que j'avance un cas
» où l'un de mes amis a servi de témoin. Il se trouvait avec deux
» autres hommes dans un café ; un de ces derniers paraissait
» irrité contre sa femme, avec laquelle il avait eu quelque différend de ménage. Après avoir exposé ses griefs, le mari irrité
» envoya quérir sa femme, et aussitôt qu'elle vint, il lui dit : *Tu
» es divorcée triplement* ! puis s'adressant aux deux autres hommes
» présents, il ajouta : *Et vous, mes frères, êtes témoins.* Cependant
» il se repentit bientôt après de sa violence et voulut reprendre
» sa femme, mais celle-ci s'y refusa et en appela à la loi de Dieu
» (*Shara Allah*). La cause fut portée devant le juge. La femme
» était la plaignante, et le défendeur était le mari ; elle déclara
» que celui-ci avait prononcé contre elle l'arrêt du triple divorce,
» et qu'à présent il voulait la reprendre et vivre avec elle comme
» épouse, contrairement à la loi, et conséquemment en état de
» péché. Le défendeur nia avoir prononcé les mots sacramentels
» qui constituent le divorce. — Avez-vous des témoins ? dit le
» juge à la plaignante : — Oui, dit-elle, voici deux témoins. Ces
» témoins étaient les deux hommes qui s'étaient trouvés au café,
» lors de la prononciation de la sentence qui constitue le divorce.
» Ils furent invités à faire leur déposition, et ils déclarèrent qu'en
» effet cet homme avait prononcé contre sa femme le triple divorce, et qu'ils étaient présents. Alors le mari déclara, de son
» côté, qu'en effet il y avait eu prononciation de divorce, mais
» qu'une autre de ses femmes en était l'objet. La plaignante assu-
» ra que cela était impossible, puisque le défendeur n'avait pas
» d'autre femme, à quoi le juge répondit qu'il n'était pas possible
» qu'elle sût cela. Se tournant alors vers les témoins, il leur de-
» manda le nom de la femme divorcée en leur présence, mis ils

» déclarèrent l'ignorer. Les ayant ensuite questionnés sur l'iden-
» tité de le femme, les témoins dirent ne pouvoir l'affirmer, puis-
» qu'ils ne l'avaient vue que voilée. Le juge, d'après l'incertitude
» qui semblait entourer la cause, trouva juste de débouter la
» femme de sa plainte et d'ordonner qu'elle rentrerait dans le
» domicile conjugal. Elle aurait pu exiger qu'il fît comparaître la
» femme contre laquelle il avait prononcé le divorce dans le café,
» mais cela lui eût peu servi, car il eût facilement trouvé une
» femme pour remplir ce rôle, la production d'un acte de mariage
» n'étant pas nécessaire en Égypte, où presque tous les mariages
» se font sans acte écrit, et souvent même sans témoins. »

Il arrive assez fréquemment que l'homme qui a prononcé contre sa femme le troisième divorce et qui veut la reprendre de son consentement, surtout lorsque le divorce a été prononcé en l'absence de témoins, n'observe pas la loi prohibitive qui lui interdit de la reprendre, si elle n'a pas été remariée dans l'intervalle.

Des hommes, religieusement attachés à l'observance de la loi, trouvent moyen de s'y conformer, en se servant d'un homme qui épouse la femme divorcée, et s'engage à la répudier le lendemain du mariage et de la donner à son précédent mari, dont elle redevient la femme en vertu d'un second contrat, quoique cette manière d'agir soit absolument en contradiction avec la loi. Dans ces cas, la femme peut, si elle est majeure, refuser son consentement; dans le cas de minorité, son père ou son tuteur légal peut la marier à qui bon lui semble.

Lorsqu'un homme, pour ravoir sa femme divorcée, veut se conformer à l'usage qui exige un mariage intérimaire avant qu'il puisse la reprendre, il la marie d'ordinaire à un pauvre très-laid et quelquefois à un aveugle. Cet homme est appelé *Mustahall*, ou *Mistahull*.

On peut aisément concevoir que la facilité avec laquelle se font les divorces, a des effets funestes sur la moralité des deux sexes. On trouve en Égypte bien des hommes qui ont épousé vingt ou trente femmes dans l'espace de dix ans; et il n'est pas rare de voir des femmes, jeunes encore, qui ont été successivement les épouses légitimes d'une douzaine d'hommes. Il y a des hommes qui épousent tous les mois une autre femme. Cette pratique peut avoir lieu même parmi les personnes peu fortunées; on peut choisir en passant dans les rues du Caire, une belle veuve jeune, ou une femme divorcée de la classe inférieure, qui consent à se marier avec l'homme qui la rencontre, moyennant un douaire d'environ *douze francs cinquante centimes,* et lorsqu'il la renvoie, il n'est obligé qu'au paiement du double de cette somme pour subvenir à son entretien durant l'*eddeh* qu'elle doit alors accomplir. Il faut cependant dire qu'une semblable conduite est généralement considérée comme très immorale, et qu'il y a peu de parents de la classe moyenne ou des classes élevées qui voudraient donner leur fille à un homme connu pour avoir divorcé plusieurs fois.

La polygamie, qui agit aussi d'une manière bien nuisible sur la moralité des époux, et qui n'est approuvée que parce qu'elle sert à prévenir plus d'immoralité qu'elle n'en occasionne, est plus rare chez les grands et dans la classe moyenne que dans la basse classe, quoique ce cas ne soit pas très-fréquent dans cette dernière. Quelquefois un homme pauvre se permet deux ou plusieurs femmes, dont chacune puisse, par le travail qu'elle fait, à peu près fournir à sa subsistance; mais la plupart des personnes des classes moyennes ou élevées renoncent à ce système à cause des dépenses et des désagréments de toute espèce qui en résultent.

Il arrive qu'un homme qui possède une femme stérile et qui l'aime trop pour divorcer d'avec elle, se voit obligé de prendre une seconde épouse dans le seul espoir d'avoir des enfants; pour le même motif il peut en prendre jusqu'à quatre. Mais, en général, c'est l'inconstance qui est la passion principale de ceux qui s'adonnent à la polygamie ou aux divorces fréquents; peu d'hommes font usage de cette faculté, et l'on rencontre à peine un homme sur vingt qui ait deux femmes légitimes.

Lorsqu'un homme déjà marié désire épouser une deuxième femme ou fille, le père de cette dernière, ou la femme elle-même, refusent de consentir à cette union, à moins qu'il ne divorce préalablement avec sa première femme; on voit par ceci que les femmes en général n'approuvent pas la polygamie. Les hommes riches, ceux dont les moyens sont bornés, et même ceux de la classe inférieure, donnent à chacune de leurs femmes des maisons différentes. L'épouse reçoit, ou peut exiger de l'époux, une description détaillée du logement qui lui est destiné, soit dans une maison seule, soit dans un appartement qui doit contenir une chambre pour coucher et passer la journée, une cuisine et ses dépendances; cet appartement doit être, ou doit pouvoir être séparé et clos, sans communication avec aucun des appartements de la même maison.

La seconde femme est, comme nous l'avons dit, nommée *Durrah* (ce mot veut dire, *Perroquet*, et est peut-être employé dérisoirement); on parle souvent des querelles qu'elles suscitent, chose assez concevable, car lorsque deux femmes se partagent les attentions et l'affection d'un seul homme, il est rare qu'elles vivent en ensemble en bonne harmonie. Les épouses et les esclaves concubines, vivant sous le même toit, ont aussi souvent des disputes. La loi enjoint aux hommes qui ont deux femmes ou davantage d'être absolument impartiaux à leur égard, mais la stricte observance de cette loi est bien rare.

Si la *grande dame* est stérile, et qu'une autre épouse, ou même une esclave, donne un enfant au chef de la famille, souvent celle-ci devient la favorite de l'homme, et la *grande dame* est méprisée par elle, comme la femme d'Abraham le fut par Agar. Il arrive alors, assez fréquemment, que la première épouse perd son rang et ses priviléges et que l'autre devient la *grande dame*; son titre de favorite du maître lui attire de la part de sa rivale ou de ses rivales, ainsi que de celle de toutes les femmes du harem et des femmes qui viennent y faire visite, toutes les marques extérieures de respect dont jouissait autrefois celle à laquelle elle succède ; mais il n'est pas rare que le poison vienne détruire cette prééminence. Lorsqu'un homme accorde cette préférence à une deuxième femme, il s'en suit souvent que la première est déclarée *nashizeh* (1), soit par son mari, ou à sa propre requête faite au magistrat. Cependant il y a un grand nombre d'exemples de femmes délaissées qui agissent avec une soumission exemplaire envers leurs maris, et qui sont prévenantes envers la favorite.

Quelques femmes ont des esclaves femelles qui sont leur propriété et qui ont été achetées pour elles, ou qu'elles ont reçu en cadeau avant leur mariage. Celles-ci ne peuvent servir de concubine au mari que du consentement de leurs maitresses. Cette permission est quelquefois accordée, mais ce cas est rare ; il est des femmes qui ne permettent pas même à leurs esclaves femelles de paraître sans voile devant leur mari. Si une esclave devenue la concubine du mari sans le consentement de sa femme, lui donne un enfant, cet enfant est esclave, à moins qu'avant

---

(1) Lorsqu'une femme refuse d'obéir aux ordres légaux de son mari, il peut (et généralement cela se pratique) la conduire, accompagné de deux témoins, devant le Cadi où il porte plainte contre elle; si le cas est reconnu vrai, la femme est déclarée par un acte écrit *náshizeh*, c'est-à-dire, rebelle à son mari: Cette déclaration exempte le mari de loger, vêtir et entretenir sa femme. Il n'est pas forcé au divorce et peut en refusant de divorcer empêcher sa femme de se remarier tant qu'il vit. Si elle promet de se soumettre par la suite, elle rentre dans ses droits d'épouse, mais il peut ensuite prononcer le divorce.

la naissance de cet enfant l'esclave n'ait été vendue ou donnée au père.

Les esclaves blanches sont ordinairement possédées par les Turcs riches. Les esclaves concubines ne peuvent être idolâtres ; elles viennent généralement de l'Abyssinie, et les Égyptiens riches et de la classe moyenne en font l'acquisition ; leur peau est d'un brun foncé ou bronzée. D'après leurs traits, elles semblent être d'une race intermédiaire entre les nègres et les blancs, mais elles diffèrent notablement de ces deux races. Elles-mêmes croient qu'il y a si peu de différence entre leur race et celles des blancs, qu'elles se refusent obstinément à remplir les fonctions de servantes et à être soumises aux épouses de leurs maîtres.

Les négresses, à leur tour, ne veulent pas servir les Abyssiniennes, mais elles sont toujours très-disposées à servir les femmes blanches. La plupart des Abyssiniennes ne viennent point directement de l'Abyssinie, mais du territoire des Gallas, qui en est voisin ; elles sont généralement belles. Le prix moyen d'une de ces filles est de 250 à 375 francs si elle est passablement belle : il y a quelques années qu'on en donnait plus du double.

Les voluptueux de l'Égypte font grand cas de ces femmes, mais elles sont si délicates qu'elles ne vivent pas longtemps et meurent presque toutes de consomption. Le prix d'une esclave blanche est assez ordinairement du triple et jusqu'à dix fois autant que celui d'une Abyssinienne ; celui d'une négresse n'est que de la moitié ou des deux tiers, mais ce prix augmente considérablement si elle est bonne cuisinière. Les négresses sont généralement employées comme domestiques.

Presque tous les esclaves se convertissent à l'islamisme, mais ils sont rarement fort instruits des rites de leur nouvelle religion et encore moins de ses doctrines. La plupart des esclaves blanches qui dans les derniers temps se trouvaient en Égypte, étaient des Grecques, qui faisaient partie du grand nombre de prisonniers faits sur le malheureux peuple grec, par les armées turques et égyptiennes sous les ordres d'Ibrahim-Pacha. Ces infortunés, parmi lesquels se trouvaient des enfants qui savaient à peine marcher, furent impitoyablement vendus en Égypte. On s'aperçoit de l'appauvrissement des classes élevées du pays, par le peu de demandes d'achat d'esclaves blanches. On en amène quelques-unes de la Circassie et de la Georgie, après leur avoir fait donner à Constantinople une espèce d'éducation préparatoire, et leur avoir fait apprendre la musique et autres arts d'agrément. Les esclaves blanches étant souvent les seules compagnes, devenant même quelquefois les épouses des Turcs de la haute volée, et étant estimées au-dessus des dames libres de l'Égypte, sont classées dans l'opinion générale bien plus haut que ces dernières. Ces esclaves sont richement habillées, les cadeaux en bijoux de valeur leur sont prodigués, et elles vivent dans le luxe et l'aisance, de sorte que lorsqu'on ne les force pas à la servitude, leur position semble fort heureuse. On en trouve la preuve dans le refus de plusieurs femmes grecques qui avaient été placées dans des harems de l'Egypte, et qui, lors de la cessation de la guerre avec la Grèce, ont refusé la liberté qui leur était offerte ; car on ne peut supposer que toutes ignoraient la position de leurs parents et qu'elles aient pu craindre de s'exposer à l'indigence en les rejoignant. Mais s'il est hors de doute que quelques-unes d'entre elles sont du moins momentanément heureuses, cependant on est porté à croire que le plus grand nombre, destinées à servir leurs compagnes de captivité plus favorisées, ou les dames turques, ou bien forcées de recevoir les caresses de quelque vieillard opulent, ou d'hommes que les excès de toutes espèces ont épuisés de corps et d'esprit, ne sont pas heureuses, exposées qu'elles sont à être revendues ou émancipées sans moyens d'existence à la mort de leurs maîtres ou maîtresses, et à passer ainsi en d'autres mains, si elles n'ont point d'enfant, ou bien à se voir réduites à épouser quelqu'humble artisan qui ne peut leur procurer l'aisance à laquelle on les a habituées.

Les esclaves femelles dans les maisons des personnes de la classe moyenne en Égypte sont généralement mieux traitées que celles placées dans les harems des riches. Si elles sont concubines, ce qui est presque inévitable, elles n'ont point de rivales qui troublent la paix de leur intérieur, et si elles sont domestiques, leur service est doux et leur liberté est moins restreinte. S'il existe un attachement mutuel entre la concubine et son maître, sa position est plus heureuse que celle d'une épouse, car celle-ci peut être renvoyée par son mari ; dans un moment de mauvaise humeur, il peut prononcer contre elle la sentence irrévocable du divorce et la plonger ainsi dans la misère, tandis qu'il est bien rare qu'un homme renvoie une esclave sans pourvoir à ses besoins assez abondamment pour qu'elle ne perde guère au change si elle n'a pas été gâtée par une vie trop luxueuse. — En la renvoyant, il est d'usage que son maître l'émancipe en lui accordant un douaire, et qu'il la marie à quelque homme honnête ; ou bien qu'il en fasse cadeau à un de ses amis ; en général, on considère comme blâmable la vente d'une esclave qui a de longs services.— Lorsqu'une esclave a un enfant de son maître et que celui-ci le reconnaît pour le sien, cette femme ne peut être ni vendue, ni donnée, et elle devient libre à la mort du maître ; souvent, aussitôt après la naissance d'un enfant que le maître reconnaît, l'esclave est émancipée et devient son épouse, car devenant libre, il ne peut la garder comme femme sans l'épouser légalement.

La plupart des filles de l'Abyssinie, ainsi que les jeunes négresses, sont horriblement prostituées par les *Gellabs* ou marchands d'esclaves de l'Égypte supérieure et de la Nubie, par lesquels elles sont conduites en Égypte. Même à l'âge de huit à neuf ans, elles sont presque toutes victimes de la brutalité de ces hommes, et ces pauvres enfants, surtout ceux qui viennent de l'Abyssinie, filles et garçons, éprouvent une telle horreur des traitements que les *Gellabs* leur font endurer, que pendant le voyage beaucoup d'entre eux se jettent dans le Nil et y périssent, préférant la mort à leur triste position.

Les esclaves femelles sont ordinairement d'un prix plus élevé que les esclaves mâles. Le prix des esclaves qui n'ont pas eu la petite-vérole est moindre que celui de ceux qui l'ont eue. On accorde à l'acquéreur trois jours d'épreuve ; pendant ce temps, la fille, achetée à condition, reste dans le harem de l'acquéreur ou dans celui d'un de ses amis, et les femmes du harem sont chargées de faire leur rapport sur la nouvelle venue ; ronfler, grincer des dents, ou parler pendant le sommeil sont des raisons suffisantes pour rompre le marché et la rendre au vendeur. Les femmes esclaves portent le même habillement que les femmes égyptiennes.

Les filles ou femmes égyptiennes qui sont obligées de servir sont chargées des occupations les plus viles. En présence de leurs maîtres, elles sont habituellement voilées, et lorsqu'elles sont occupées de quelque détail de leur service, elles arrangent leur voile de manière à ne découvrir qu'un de leurs yeux et à avoir une de leurs mains en liberté.

Lorsqu'un homme étranger est reçu par le maître de la maison dans une pièce du harem (les femmes composant sa famille ayant été renvoyées dans une autre pièce), les autres femmes le servent; mais, alors, elles sont toujours voilées.

Telles sont les conditions relatives des diverses classes dans les harems ; il faut jeter maintenant un coup-d'œil sur les habitudes et les occupations de celles qui les habitent.

Les épouses et les femmes esclaves sont souvent exclues du privilége d'être à table avec le maître de la maison ou sa famille, et elles peuvent être appelées à le servir lorsqu'il dîne ou qu'il soupe, ou même lorsqu'il entre au harem, pour y fumer et prendre le café. Elles font souvent l'office de servantes ; elles bourrent et allument sa pipe, font son café, préparent les mets qu'il veut manger, surtout lorsqu'il s'agit de plats délicats et extraordinaires. Le plat que l'hôte vous recommande comme ayant été accommodé par sa femme est ordinairement parfaitement bon. Les femmes des classes hautes et moyennes se font une étude toute particulière de plaire à leurs maris, et de les fasciner par des attentions et des agaceries sans fin. On remarque leur coquetterie jusque dans leur démarche ; lorsqu'elles sortent, elles savent donner à leur corps un mouvement ondulatoire tout particulier, que les Égyptiens nomment *ghung*. Elles sont toujours réservées en présence du mari : aussi aiment-elles que ses visites du jour soient peu fréquentes, et qu'elles ne se prolongent pas trop ; pendant son absence, leur gaîté est très-expansive.

La nourriture des femmes, quoique semblable à celle des hommes, est plus frugale ; elles prennent leur repas de la même manière qu'eux. On permet à beaucoup de femmes de fumer, même à celles des plus hautes classes, l'odeur des tabacs fins de l'Égypte étant on ne peut plus parfumée. Les pipes des femmes sont plus minces et plus ornées que celles des hommes. Le bout de la pipe est quelquefois partie en corail, au lieu d'être en ambre. Les femmes font usage du musc et d'autres parfums ; et elles emploient des cosmétiques ; souvent aussi elles préparent des compositions qu'elles mangent ou boivent dans le but d'acquérir un certain degré d'embonpoint. Contrairement au goût des Africains et des peu orientaux en général, les Égyptiens ne sont pas de grands admirateurs de très-grosses femmes ; car, dans leurs chants d'amour, les Égyptiens parlent de l'objet de leur passion, comme d'un être svelte et de mince taille. Un des mets auxquels elles attribuent la vertu de les rendre plus grasses, est très-dégoûtant ; il est principalement composé d'escargots écrasés. Beaucoup de femmes mâchent de l'encens et du laudanum (*ladin*), afin de parfumer leur haleine. L'habitude des ablutions fréquentes rend leur corps d'une propreté extrême. Leur toilette n'est pas longue, et il est rare qu'après s'être habillées le matin, elles changent de toilette dans la journée. On tresse leurs cheveux pendant qu'elles sont au bain, et cette coiffure est si bien faite qu'elle n'a pas besoin d'être renouvelée de plusieurs jours.

L'occupation principale des dames égyptiennes est le soin de leurs enfants ; elles ont aussi la surintendance des affaires domestiques ; mais, assez généralement, c'est le mari seul qui fait et règle les dépenses. Les heures de loisir sont employées à coudre, à broder surtout des mouchoirs de poche et des voiles. Les broderies sont ordinairement en soie de couleur et or ; elles se font sur un métier nommé *menseg*, qui est ordinairement en bois de noyer, incrusté de nacre de perle et d'écaille de tortue. (Les plus communs sont en hêtre.) Beaucoup de femmes, même de celles qui sont riches, arrondissent leurs bourses particulières en brodant des mouchoirs et autres objets qu'elles donnent à une *dellaseh* (courtière) qui les porte et les expose dans un bazar, ou qui tâche de s'en défaire dans un autre harem. La visite des femmes d'un harem à celles d'un autre harem occupe souvent presque une journée. Les femmes, ainsi réunies, mangent, fument, boivent du café et des sorbets ; elles babillent, font parade de leurs objets de luxe, et tout cela suffit à leur amusement. A moins d'affaires d'une nature très-pressante, le maître de la maison n'est pas admis à ces réunions de femmes, et il doit, dans ce cas, donner avis de son arrivée, afin que les visiteuses aient le temps de se voiler ou de se retirer dans une autre partie de l'appartement. Les jeunes femmes, étant ainsi libres de toute crainte de surprise, se laissent aller à leur gaîté et à leur abandon naturels, et souvent à leur esprit folâtre et bruyant.

LETTRE D'AMROU.

Nous ne pouvons mieux conclure nos remarques sur l'Égypte qu'en citant l'admirable lettre écrite par Amrou au calife Omar, à l'époque de la conquête de ce pays par les Musulmans.

Voici d'abord la lettre qu'écrivit le commandeur des fidèles, Omar, à Amrou ou Gamrou (la langue française ne rend qu'imparfaitement les consonnances de l'arabe) :

« De la part de Gabdolle Omar, fils du Chettabe, à Gamrou, fils du Gase. Dieu vous donne sa paix, ô Gamrou, et sa miséricorde et ses bénédictions, et à tous les Musulmans généralement. Je sais, ô Gamrou, par le rapport qui m'a été fait, que la province où vous commandez est belle et bien fortifiée, bien cultivée et bien peuplée ; que les Pharaons et les Amalécites y ont régné, qu'ils y ont fait des ouvrages exquis et des choses excellentes, qu'ils y ont étalé les marques de leur grandeur et de leur orgueil, s'imaginant être éternels, et prenant où ils n'avaient point fait de compte. Cependant Dieu vous a établi dans leurs demeures, et a mis en votre puissance leurs biens et leurs serviteurs et leurs enfants, et vous a fait héritier de leur terre. Qu'il en soit loué et béni et remercié ; c'est à lui qu'appartient l'honneur et la gloire. Quand vous aurez ma lettre que voici, écrivez-moi les qualités de l'Égypte, tant en sa terre qu'en sa mer, et me la faites connaître comme si je la voyais moi-même. »

Amrou, ayant reçu cette lettre et vu ce qu'elle contenait, fit réponse à Omar, et lui écrivit en ces termes :

« De la part de Gabdolle Gamrou, fils du Gase, fils de Vaïl le Sahamien, au successeur de l'apôtre de Dieu, à qui Dieu fasse paix et miséricorde, Omar, fils du Chettabe, commandeur des fidèles, l'un des califes suivant le droit chemin, dont j'ai reçu et lu la lettre et entendu son intention; c'est pourquoi je veux ôter de dessus son esprit la nuée de l'incertitude par la vérité de mon discours. C'est de Dieu que vient la force et la puissance, et toutes choses retournent à lui. Sachez, seigneur commandeur des fidèles, que le pays d'Égypte n'est autre chose que des terres noirâtres et des plantes vertes entre une montagne poudreuse et un sable rougeâtre. Il y a entre sa montagne et son sable des plaines relevées et des éminences abaissées. Elle est environnée d'un penchant qui lui fournit de quoi vivre, et qui a de tour, depuis Syène jusqu'à la fin de la terre et au bord de la mer, un mois de chemin pour un homme de cheval. Par le milieu du pays, il descend un fleuve béni au matin et favorisé du ciel au soir, qui coule en augmentant et en diminuant, suivant le cours du soleil et de la lune. Il a son temps auquel les fontaines et les sources de la terre lui sont ouvertes, suivant le commandement qui leur est fait par son Créateur, qui gouverne et dispense son cours pour fournir de quoi vivre à la province, et il court, suivant ce qui lui est prescrit, jusqu'à ce que ses eaux, étant enflées et ses ondes roulant avec bruit, et ses flots étant parvenus à leur plus grande élévation, les habitants du pays ne peuvent passer de village en autre que dans de petites barques, et l'on voit tournoyer les nacelles qui paraissent comme les chameaux noirs et blancs dans les imaginations. Puis, lorsqu'il est dans cet état, voici qu'il commence à retourner en arrière, et à se renfermer dans son canal, comme il en était sorti auparavant, et s'y était élevé peu à peu. Et alors les plus prompts et les plus tardifs s'apprêtent au travail, ils se répandent par la campagne à troupes, les gens de la loi que Dieu garde, et les gens de l'alliance que les hommes protégent ; on les voit marcher comme des fourmis, les uns faibles, les autres forts, et se lasser à la tâche qui leur a été ordonnée. On les voit fendre le dedans de la terre et ce qui en est abreuvé, et y jeter de toutes les espèces de grain qu'ils espèrent y pouvoir multiplier avec l'aide de Dieu, et la terre ne tarde point, après la noirceur de son engrais, à se revêtir de vert et à répandre une agréable odeur, tant qu'elle produit des tuyaux et des feuilles et des épis, faisant une belle montre et donnant une bonne espérance, la rosée l'abreuvant d'en-haut, et l'humidité donnant nourriture à ses productions par bas. Quelquefois il vient quelques nuées avec une pluie médiocre, quelquefois il tombe seulement quelques gouttes d'eau et quelquefois point du tout. Après cela, seigneur commandeur des fidèles, la terre étale ses beautés et fait parade de ses grâces, réjouissant ses habitants et les assurant de la récolte de ses fruits pour leur nourriture et celle de leurs montures, et pour en transporter ailleurs, et pour faire multiplier leur bétail. Elle paraît aujourd'hui, seigneur commandeur des fidèles, comme une terre poudreuse, puis incontinent comme une mer bleuâtre et comme une perle blanche, puis comme de la boue noire, puis comme un taffetas vert, puis comme une broderie de diverses couleurs, puis comme une fonte d'or rouge. Alors on moissonne ses blés, et on les bat pour en tirer le grain, qui passe ensuite diversement entre les mains des hommes, les uns en prenant ce qui leur appartient, et les autres ce qui ne leur appartient pas. Cette vicissitude revient tous les ans, chaque chose en son temps, suivant l'ordre et la providence du Tout-Puissant ; qu'il soit loué à jamais ce grand Dieu, qu'il soit béni, le meilleur des Créateurs. Quant à ce qui est nécessaire pour l'entretien de ces ouvrages, et qui doit rendre le pays bien peuplé et bien cultivé, le maintenir en bon état et le faire avancer de bien en mieux, suivant ce que nous en ont dit ceux qui en ont connaissance pour en avoir eu le gouvernement entre leurs mains, nous y avons remarqué particulièrement trois choses, dont la première est de ne recevoir point les mauvais discours que fait la canaille contre les principaux du pays, parce qu'elle est ennuyeuse et ingrate du bien qu'on lui fait. La seconde est d'employer le tiers du tribut que l'on lève à l'entretien des ponts-et-chaussées, et la troisième est de ne tirer le tribut d'une espèce, sinon d'elle-même, quand elle est en sa perfection. Voici la description de l'Égypte, seigneur et commandeur des fidèles, par laquelle vous la pouvez connaître comme si vous la voyiez vous-même. Dieu vous maintienne dans votre bonne conduite, et vous fasse heureusement gouverner votre empire, et vous aide à vous acquitter de la charge qu'il vous a imposée. La paix soit avec vous. Que Dieu soit loué, et qu'il assiste de ses faveurs et de ses bénédictions notre seigneur Mahomet, et ceux de sa nation, et ceux de son parti.

CATHÉCHISME DES DRUSES.

Demande. Vous êtes Druse? — *Réponse.* Oui, par le secours de notre maître tout-puissant.

D. Qu'est-ce qu'un Druse? — *R.* Celui qui a écrit la loi et adoré le Créateur,.

D. Qu'est-ce que le Créateur vous a ordonné? — *R.* La véracité, l'observation de son culte et celle des sept conditions.

D. Quels sont les devoirs difficiles dont votre Seigneur vous a dispensé et qu'il a abrogés, et comment savez-vous que vous êtes un vrai Druse? — *R.* En m'abstenant de ce qui est illicite, et fesant ce qui est licite.

D. Qu'est-ce que c'est que le licite et l'illicite? — *R.* Le licite est ce qui appartient au sacerdoce et à l'agriculture ; et l'illicite, aux places temporelles et aux renégats.

D. Quand et comment a paru notre Seigneur tout-puissant? — *R.* L'an 400 de l'hégire de Mahomet. Il se dit alors de la race de Mahomet pour cacher sa divinité.

D. Et pourquoi voulait-il cacher sa divinité? — *R.* Parce que son culte était négligé, et que ceux qui l'adoraient étaient en petit nombre.

D. Quand a-t-il paru en manifestant sa divinité? — *R.* L'an 408.

D. Combien demeura-t-il ainsi? — *R.* L'an 408 en entier ; puis il disparut dans l'année 409, parce que c'était une année funeste. Ensuite il reparut au commencement de 410, et il demeura toute l'année 411 ; et enfin, au commencement de 412, il se déroba aux yeux, et ne reviendra plus qu'au jour du jugement.

D. Qu'est-ce que le jour du jugement? — *R.* C'est le jour où le Créateur paraîtra avec une figure humaine et régnera sur l'univers avec la force et l'épée.

D. Quand cela arrivera-t-il? — *R.* C'est une chose qui n'est pas connue : mais des signes l'annonceront.

D. Quels seront ces signes? — *R.* Quand on verra les rois changer et les chrétiens avoir l'avantage sur les Musulmans.

D. Dans quel mois cela aura-t-il lieu? — Dans la lune de Dgemaz ou dans celle de Radjad, selon les supputations des calculateurs de l'hégire.

D. Comment Dieu gouvernera-t-il les peuples et les rois? — *R.* Il se manifestera par la force et l'épée et leur ôtera la vie à tous.

D. Et après leur mort, qu'arrivera-t-il? — *R.* Ils renaîtront au commandement du Tout-puissant, qui leur ordonnera ce qu'il lui plaira.

D. Comment les traitera-t-il ? — *R.* Ils seront divisés en quatre parties ; savoir : les chrétiens, les juifs, les renégats et les vrais adorateurs de Dieu.

D. Et comment chacune de ces sectes se divisera-t elle ? — *R.* Les chrétiens donneront naissance aux sectes de (1) Nessairié et de Metaoullé ; des Juifs sortiront les Turcs. Quant aux renégats, ce sont ceux qui ont abandonné la foi de notre Dieu.

D. Quel traitement Dieu fera-t-il aux adorateurs de son unité ? — *R.* — Il leur donnera l'empire, la royauté, la souveraineté, les biens, l'or, l'argent ; et ils demeureront dans le monde, princes, pachas et sultans.

D. Et les renégats ? — *R.* Leur punition sera affreuse. Elle consistera en ce que leurs aliments, quand ils voudront boire et manger, deviendront amers. De plus, ils seront réduits en esclavage et soumis aux plus rudes fatigues chez les vrais adorateurs de Dieu. Les Juifs et les Chrétiens souffriront les mêmes tourments, mais beaucoup plus légers.

D. Combien de fois Notre Seigneur a-t-il paru sous la forme humaine ? — *R.* Dix fois, qu'on nomme *stations,* et les noms qu'il y porta successivement sont : El Ali, el Bar, Alia, el Maalla, el Kâïem, el Maas, el Aziz, Abazakaria, el Manssour, el Hakem.

D. Où eut lieu la première station, celle de el Ali ? — *R.* Dans une ville de l'Inde appelée *Rchine ma-Tchine.*

D. Combien de fois Hamza a-t-il apparu, et comment s'est il nommé à chaque apparition ? — *R.* Il a apparu sept fois dans les siècles écoulés depuis Adam jusqu'au prophète *Samed.* Dans le

---

(1) Les Nassaïris (Nazaréens) ou Ansariés et les Metualis, peuplades du Liban dans les provinces de Tripoli et de Saïda.

siècle d'Adam, il se nommait Chattnil; dans celui de Noé, il s'appelait Pythagore; David fut le nom qu'il porta au temps d'Abraham; du temps de Moïse, il se nomma Chaïb, et de celui de Jésus, il s'appelait le Messie véritable et aussi Lazare; du temps de Mahomet, son nom était Salman el Farzi, et du temps de Sayd, son nom était Salehe.

D. Apprenez-moi l'étymologie du nom Druse. — *R.* Ce nom est tiré de notre obéissance pour le Hakem par l'ordre de Dieu, lequel Hakem est notre maître Mahomet, fils d'Ismaël, qui se manifesta lui-même par lui-même à lui-même; et lorsqu'il se fut manifesté, les Druses, en suivant ses ordres, *entrèrent* dans sa loi, ce qui les fit appeler Druzes: car le mot arabe *enderaz*, ou *endaradj* est la même chose que *darhah,* qui signifie *entrer*. Cela veut donc dire que le Druze a écrit la loi, s'en est pénétré et est *entré* sous l'obéissance de Hakem. On peut trouver une autre étymologie en écrivant Druze par une *s;* alors il vient de *daras, iedros étudier*, ce qui signifie que le Druse a *étudié* les livres de Hamza et adoré le Tout-puissant, comme il convient.

D. Quelle est notre intention en adorant l'évangile? — *R.* Apprenez que nous voulons par là exalter le nom de celui qui est debout par l'ordre de Dieu, et celui-là est Hamza; car c'est lui qui a proféré l'évangile. De plus, il convient qu'aux yeux de chaque nation nous reconnaissions leur croyance. Enfin, nous adorons l'évangile parce que ce livre est fondé sur la sagesse divine et qu'il contient les marques évidentes du vrai culte.

D. Pourquoi rejetons-nous tout autre livre que le Coran, lorsqu'on nous questionne sur cet article? — *R.* Parce que nous avons besoin de n'être pas connus pour ce que nous sommes, nous trouvant au milieu des sectateurs de l'islamisme. Il est donc à propos que nous reconnaissions le livre de Mahomet; et, afin qu'on ne nous fasse pas un mauvais parti, nous avons adopté toutes les cérémonies musulmanes, et même celle des prières sur les morts : et tout cela seulement à l'extérieur, afin d'être ignorés.

D. Que disons-nous de ces martyrs dont les chrétiens vantent tant l'intrépidité et le grand nombre? — *R.* Nous disons que Hamza ne les a point reconnus, fussent-ils crus et attestés par tous les historiens.

D. Mais si les chrétiens viennent à nous dire que leur foi n'est pas douteuse, parce qu'elle est appuyée sur des preuves plus fortes et plus immédiates que la parole de Hamza, que répondons-nous et comment avons-nous connu l'infaillibilité de Hamza, cette colonne de la vérité dont puisse être le salut sur nous ? — *R.* Par le témoignage que lui-même a rendu de lui-même, lorsqu'il a dit dans l'épître du commandement et de la défense : « Je suis la
« première des créatures de Dieu; je suis sa voix et son point,
« j'ai la science par son ordre; je suis la tour et la maison bâtie ;
« je suis le maître de la mort et de la résurrection; je suis celui
« qui sonnera la trompette; je suis le chef général du sacerdoce,
« le maître de la grâce, l'édificateur et le destructeur des justices ;
« je suis le roi du monde, le destructeur des deux témoignages ;
« je suis le feu qui dévore. »

D. En quoi consiste la vraie religion des prêtres druses? — *R.* C'est le contrepieds de chaque croyance des autres nations ou tribus; et tout ce qui est impie chez les autres, nous le croyons, nous, comme il a été dit dans l'épître de la tromperie et de l'avertissement.

D. Mais si un homme venait à connaître notre saint culte, à le croire et à s'y conformer, serait-il sauvé? — *R.* Jamais : la porte est fermée, l'affaire est finie, la plume est émoussée ; et après sa mort, son ame va rejoindre sa première nation et sa première religion.

D. Quand furent créées toutes les ames? — *R.* Elles furent créées après le pontife Hamza, fils d'Ali. Après lui, Dieu créa de lumière tous les esprits qui sont comptés, et qui ne diminueront ni n'augmenteront jusqu'à la fin des siècles.

D. Notre auguste religion admet-elle le salut des femmes? — *R.* Sans doute, car notre Seigneur à écrit un chapitre sur les femmes, et elles ont obéi sur-le-champ, comme il en est mention dans l'épître de la loi des femmes, et il en est de même dans l'épître des filles.

D. Que disons-nous du reste des nations qui assurent adorer le Seigneur qui a créé le ciel et la terre? — *R.* Quand même elles le diraient, ce serait une fausseté; et quand même elles l'adoreraient réellement, si elles ne savent pas que le Seigneur est le Hakem lui-même, leur adoration est sacrilége.

D. Quels sont ceux des anciens qui ont prêché la sagesse du Seigneur à ceux qui ont établi notre croyance? — *R.* Il y en a trois dont les noms sont Hamza, Esmaïl et Beha-Eddine.

D. En combien de parties se divise la science? — *R.* En cinq parties; deux d'entr'elles appartiennent à la religion et deux à la nature. La cinquième partie, qui est la plus grande de toutes, ne se divise point. Elle est la science véritable, celle de l'amour de Dieu.

D. Comment connaissons-nous que tel homme est notre frère, observateur du vrai culte, si nous le rencontrons en chemin ou s'il approche de nous en passant et se dit Druse? — *R.* Le voici: après les compliments d'usage, nous lui disons: « Sème-t-on dans « notre pays de la graine de myrobolan? (aliledj). » S'il répond: oui, on la sème dans le cœur des croyants; alors nous l'interrogeons sur notre foi: s'il répond juste, c'est notre compatriote; sinon, ce n'est qu'un étranger.

D. Quels sont les pères de notre religion? — *R.* Ce sont les prophètes du Hakem, savoir: Hamza, Esmaïl, Mahomet et Kalimé, Abou-el-rheir, Beha Eddine.

D. Les Druses ignorants ont-ils le salut ou un emploi auprès de Hakem, quand ils meurent dans cet état d'ignorance? — *R.* Il n'est point de salut pour eux, et ils seront dans le déshonneur et l'esclavage chez notre Seigneur jusqu'à l'éternité des éternités.

D. Qu'est-ce que Doumassa? — *R.* C'est Adam le premier; c'est Arhnourh; c'est Hermès; c'est Édris; Jean; Esmaïl, fils de Mahomet-el-Taïmi; et au siècle de Mahomet, fils d'Abdalla, il s'appelait Elmokdad.

D. Qu'est-ce que l'antique et l'éternel? — *R.* L'antique est Hamza; l'éternel est l'âme, sa sœur.

D. Qu'est-ce que les pieds de la sagesse? — *R.* Ce sont les trois prédicateurs.

D. Qui sont-ils? — *R.* Jean, Marc et Mathieu.

D. Combien de temps ont-ils prêché? — *R.* Vingt-un ans; chacun d'eux en prêcha sept.

D. Qu'est-ce que ces édifices qui sont en Égypte et qu'on nomme pyramides? — *R.* Ces pyramides ont été bâties par le Tout-Puissant, pour atteindre à un but plein de sagesse qu'il a conçu dans sa providence.

D. Quel est ce but plein de sagesse? — *R.* C'est d'y placer et d'y conserver jusqu'au jour du jugement où sera sa seconde venue, les *Hodgets* et les *quittances* que sa main divine a prises de toutes les créatures.

D. Pour quelle raison a-t-il paru à chaque nouvelle loi? — *R.* Pour exalter les adorateurs de son vrai culte, afin qu'ils s'y affermissent, qu'ils sussent que c'est lui qui change à sa volonté les justices, et qu'ils ne crussent pas à d'autres qu'à lui.

D. Comment les âmes retournent-elles dans leurs corps? — *R.* Chaque fois qu'un homme meurt, il en naît un autre, et c'est ainsi qu'est le monde.

D. Comment appelle-t-on les Musulmans? — *R.* La descente (el-tanzil).

D. Et les chrétiens? — *R.* L'explication (el-taaouil). Ces deux dénominations signifient, pour ceux-ci, qu'ils ont expliqué la parole de l'évangile; pour ceux-là, le bruit répandu que le koran est descendu du ciel.

D. Quelle a pu être la volonté de Dieu en créant les génies et les anges qui sont désignés dans le livre de la sagesse de Hamza? — *R.* Les génies, les esprits et les démons sont comme ceux d'entre les hommes qui n'ont pas obéi à l'invitation de Notre-Seigneur le Hakem. Les diables sont des esprits devant ceux qui ont des corps. Quant aux anges, il faut y voir une représentation des vrais adorateurs de Dieu, qui ont obéi à l'invitation du Hakem, qui est le Seigneur adoré dans toutes les révolutions d'âge.

D. Qu'est-ce que les révolutions d'âge? — *R.* Ce sont les justices des prophètes qui ont paru tour à tour, et que les gens du siècle où ils vivaient ont déclaré tels, comme Adam, Noé, Abraham, Moïse, Jésus, Mahomet, Sayd. Tous ces prophètes ne sont qu'une seule et même âme qui a passé d'un corps dans un autre, et cette âme, qui est le démon maudit gardien, de Ebn-Termahh, est aussi Adam le désobéissant, que Dieu chassa de son paradis, c'est-à-dire que Dieu lui ôta la connaissance de son unité.

D. Quel était l'emploi du démon chez Notre-Seigneur? — *R.* Il lui était cher; mais il conçut de l'orgueil et refusa d'obéir au grand vizir Hamza: alors Dieu le maudit et le précipita du paradis.

D. Quels sont les anges en chef qui portent le trône de Notre-Seigneur? — Ce sont les cinq primats qu'on appelle: Gabriel qui est Hamza, Michel qui est le second frère, Esrafil-Salamé-ebn-abd-el-ouahab, Ezraïl-Beha-eddin, Métatroun-Ali-ebn-Achmet. Ce sont là les cinq visirs qu'on nomme el-Sabek (le précédent).

el-Cani (le second), el-Djassad (le corps), el-Rathh (l'ouverture), et Fhial (le cavalier).

D. Qu'est ce que les quatre femmes? — Elles se nomment Ismaël, Mahomet, Salamé, Ali, et elles sont : el-Kelmé (la parole), el-Nafs (l'âme), Beha-eddin (beauté de la religion), Omm'-el-rheir (la mère du bien).

D. Qu'est-ce que l'évangile qu'ont les chrétiens, et qu'en disons-nous? — R. L'évangile est bien réellement sorti de la bouche du Seigneur le Messie, qui était Salman-el-Farsi dans le siècle de Mahomet, lequel Messie est Hamza, fils d'Ali. Le faux Messie est celui qui est né de Marie, car celui-là est fils de Joseph.

D. Où était le vrai Messie, quand le faux était avec ses disciples? — Il se trouvait dans le nombre de ces derniers. Il professait l'évangile; il donnait des instructions au Messie, fils de Joseph, et lui disait : « Faites cela et cela », conformément à la religion chrétienne, et le fils de Joseph lui obéissait. Cependant les Juifs conçurent de la haine contre le faux Messie, et le crucifièrent.

D. Qu'arrivera-t il après qu'il eut été crucifié? — R. On le mit dans un tombeau. Le vrai Messie arriva, déroba le corps du tombeau, et l'enterra dans le jardin; puis il répandit le bruit que le Messie avait ressuscité.

D. Pourquoi le vrai Messie se conduisit-il ainsi? — R. Pour faire durer la religion chrétienne et lui donner plus de force.

D. Et pourquoi favorisa-t il aussi l'hérésie? — R. Afin que les Druses pussent se couvrir comme d'un voile de la religion du Messie, et que personne ne les connût pour Druses.

D. Qui est celui qui sortit du tombeau et qui entra chez les disciples, les portes fermées? — R. Le Messie vivant qui ne meurt point, et qui est Hamza.

D. Comment les chrétiens ne se sont-ils pas fait Druses? — R. Parce que Dieu l'a voulu ainsi.

D. Mais comment Dieu souffre-t-il le mal et l'hérésie? — *R.* Parce que son constant usage est de tromper les uns et d'éclairer les autres, comme il est dit dans le koran : « Il a donné la sagesse aux uns et il en a privé les autres. »

D. Et pourquoi Hamza, fils d'Ali, nous a-t-il ordonné de cacher la sagesse et de ne pas la découvrir? — *R.* Parce qu'elle contient les secrets et les quittances de Notre-Seigneur, et il ne convient pas de découvrir à personne des choses où le salut des ames et la vie des esprits se trouvent renfermés.

D. Nous sommes donc égoïstes et nous ne voulons pas que tout le monde se sauve? — *R.* Il n'y a point là d'égoïsme ; car l'invitation est ôtée ; la porte est fermée ; est hérétique qui est hérétique, et croyant qui est croyant, et tout est comme il doit être.

Le carême qui était ordonné anciennement, est aboli aujourd'hui ; mais quand un homme fait carême hors du temps prescrit, et se mortifie par le jeûne, cela est louable ; car cela nous rapproche de la divinité.

D. Pourquoi a-t-on suprimé l'aumône? — *R.* Chez nous l'aumône envers nos frères les Druses est légitime ; mais elle est un crime à l'égard de tout autre, et il ne convient pas de la faire.

D. Quel but se proposent les solitaires qui se mortifient? — *R.* C'est de mériter, quand le Hakem viendra, qu'il nous donne à chacun, selon nos œuvres, des visirats, des pachaliks et des gouvernements.

ÉPILOGUE.

A Timothée O'Neddy.

Constantinople.

Mon ami, l'homme s'agite et Dieu le mène. Il était sans doute établi de toute éternité que je ne pourrais me marier ni en Egypte, ni en Syrie, pays où les unions sont pourtant d'une facilité qui touche à l'absurde. Au moment où je commençais à me rendre digne d'épouser la fille du cheik, je me suis trouvé pris tout à coup d'une de ces fièvres de Syrie qui, si elles ne vous enlèvent pas, durent des mois ou des années. Le seul remède est de quitter le pays. Je me suis hâté de fuir ces vallées du Hauran à la fois humides et poudreuses, où s'extravasent les rivières qui arrosent la plaine de Damas. J'espérais retrouver la santé à Beyrout, mais je n'ai pu y reprendre que la force nécessaire pour m'embarquer sur le paquebot autrichien venu de Trieste, et qui m'a transporté à Smyrne, puis à Constantinople. J'ai pris pied enfin sur la terre d'Europe. C'est à peu près ici le climat de nos villes du midi.

La santé qui revient donne plus de force à mes regrets.... Mais que résoudre? Si je retourne en Syrie plus tard, je verrai renaître cette fièvre que j'ai eu le malheur d'y prendre ; c'est l'opinion des médecins. Quant à faire venir ici la femme que j'avais choisie, ne serait-ce pas l'exposer elle-même à ces terribles maladies qui emportent, dans les pays du nord, les trois quarts des femmes d'Orient qu'on y transplante...

Après avoir longtemps réfléchi sur tout cela avec la sérénité d'esprit que donne la convalescence, je me suis décidé à écrire au cheik druse pour dégager ma parole et lui rendre la sienne.

II.

Péra.

Du pied de la tour de Galata, ayant devant moi tout le panorama de Constantinople, de son bosphore et de ses mers, — je tourne encore une fois mes regards vers l'Égypte, depuis longtemps disparue. Permets-moi de t'en entretenir pendant quelques lignes.

Au-delà de l'horizon paisible qui m'entoure, sur cette terre d'Europe, musulmane, il est vrai, mais rappelant déjà la patrie, je sens toujours l'éblouissement de ce mirage lointain qui flamboie et poudroie dans mon souvenir, comme l'image du soleil qu'on a regardé fixement poursuit longtemps l'œil fatigué qui s'est replongé dans l'ombre.

Ce qui m'entoure, ajoute à cette impression : un cimetière turc, à l'ombre des murs de Galata la Génoise. Derrière moi, une boutique de barbier arménien qui sert en même temps de café ; d'énormes chiens jaunes et rouges couchés au soleil dans l'herbe, couverts de plaies et de cicatrices résultant de leurs combats nocturnes. A ma gauche, un vénérable santon, coiffé de son bonnet de feutre, dormant de ce sommeil bienheureux qui est pour lui l'anticipation du paradis. En bas, c'est Tophana avec sa mosquée, sa fontaine et ses batteries de canon commandant l'entrée du détroit. De temps en temps j'entends des psaumes de la liturgie grecque chantés sur un ton nazillard, et je vois passer sur la chaussée qui mène à Péra de longs cortéges funèbres conduits par des popes, qui portent au front des couronnes de forme impériale. Avec leurs longues barbes, leurs robes de soie semées de clinquant et leurs ornements de fausse orfévrerie, ils semblent les fantômes des souverains du Bas-Empire.

Tout cela n'a rien de bien gai pour le moment. Rentrons dans le passé. Ce que je regrette aujourd'hui de l'Égypte ce ne sont pas les oignons monstrueux dont les Hébreux pleuraient l'absence sur la terre de Chanaan. C'est un ami, c'est une femme, l'un séparé de moi seulement par la tombe, l'autre à jamais perdue.

Mais pourquoi réunirais-je ici deux noms qui ne peuvent se rencontrer que dans mon souvenir, et pour des impressions toutes personnelles ! L'ami dont je te parle était un homme connu de toute l'Europe savante, un diplomate et un érudit, ce qui se voit rarement ensemble. Il avait cru devoir prendre au sérieux un de ces postes consulaires qui, généralement n'obligent personne à acquérir des connaissances spéciales.

En effet, selon les lois ordinaires de l'avancement diplomatique, un consul d'Alexandrie se trouve promu d'un jour à l'autre à la position de ministre plénipotentiaire au Brésil ; un chargé d'affaires de Canton devient consul-général à Hambourg. Où est la nécessité d'apprendre la langue, d'étudier les mœurs d'un pays, d'y nouer des relations, de s'informer des débouchés qu'y pourrait trouver notre commerce ? Tout au plus pense-t-on à se préoccuper de la situation, du climat et des agréments de la résidence qu'on sollicite comme supérieure à celle qu'on occupe déjà.

Le consul dont je te parle, au moment où je l'ai rencontré au Caire, ne songeait qu'à des recherches d'antiquités égyptiennes. Un jour qu'il me parlait d'hypogées et de pyramides, je lui dis : « Il ne faut pas tant s'occuper des tombeaux !... Est-ce que vous sollicitez un consulat dans l'autre monde ? »

Je ne croyais guère, en ce moment-là, dire quelque chose de cruel. « Ne vous apercevez-vous pas, me répondit-il, de l'état où je suis?... Je respire à peine. Cependant je voudrais bien voir les pyramides. C'est pour cela que je suis venu au Caire. Ma résidence à Alexandrie, au bord de la mer, était moins dangereuse... mais l'air qui nous entoure ici, imprégné de cendre et de poussière, me sera mortel. »

En effet, le Caire, dans ce moment-là, n'offrait pas une atmosphère très saine et me faisait l'effet d'un étouffoir fermé sur des charbons incandescents. Le *khamsin* soufflait dans les rues toutes les ardeurs de la Nubie. La nuit seule réparait nos forces, et nous permettait de subir encore le lendemain.

Le vent du midi, le khamsin, a cependant des intervalles de calme. Un soir, après une journée plus belle qu'à l'ordinaire, le consul m'invita à l'accompagner le lendemain aux pyramides de Gizeh. Nous partîmes au point du jour dans sa voiture, et nous nous arrêtâmes pour déjeûner à l'île de Roddah, verte comme une île de la Baltique, cultivée à l'anglaise par les soins d'Ibrahim-Pacha, plantée en partie de peupliers, de saules et d'acacias, avec des étangs, des rivières factices, peuplés de cygnes et de ponts chinois sur des allées de gazon.

Je t'ai parlé de cela déjà...

Le milieu du jour arrivait, et mon pauvre compagnon de route ne parlait pas d'aller plus loin. Je lui rappelai le but de notre promenade : « Je me sens déjà fatigué, dit-il, je préfère rester ici. Prenez la cange que j'ai fait préparer ; je vous suivrai des yeux et je croirai être avec vous. Je vous prie seulement de compter le nombre exact des marches de la grande pyramide, sur lequel les savants sont en désaccord, et si vous allez jusqu'aux autres pyramides de Saccarah, je vous serai obligé de me rapporter une momie d'Ibis... Je voudrais comparer l'ancien Ibis égyptien avec cette race dégénérée des Courlis que l'on rencontre encore sur les rives du Nil. »

Je dus alors m'embarquer seul, à la pointe de l'île de Roddah, pensant avec tristesse à cette confiance des malades qui peuvent rêver à des collections de momies, sur le bord de leur propre tombe.

La branche du Nil entre Roddah et Giseh a une telle largeur, qu'il faut une demi-heure environ pour la passer.

Quand on a traversé Giseh, sans trop s'occuper de son école de cavalerie et de ses fours à poulets, sans analyser ses décombres, dont les gros murs sont construits par un art particulier avec des vases de terre superposés et pris dans la maçonnerie, bâtisse plus légère et plus aérée que solide, on a encore devant soi deux lieues de plaines cultivées à parcourir avant d'atteindre les plateaux stériles où sont posées les grandes pyramides, sur la lisière du désert de Lybie.

Plus on approche, plus ces colosses diminuent. C'est un effet de perspective qui tient sans doute à ce que leur largeur égale leur élévation. Pourtant, lorsqu'on arrive au pied, dans l'ombre même de ces montagnes faites de main d'hommes, on admire et l'on s'épouvante. Ce qu'il faut gravir pour atteindre au faite de la première pyramide, c'est un escalier dont chaque marche a environ un mètre de haut.

Une tribu d'Arabes s'est chargée de protéger les voyageurs et de les guider dans leur ascension sur la principale pyramide. Dès que ces gens aperçoivent un curieux qui s'achemine vers leur domaine, ils accourent à sa rencontre au grand galop de leurs chevaux, faisant une fantasia toute pacifique et tirant en l'air des coups de pistolet pour indiquer qu'ils sont à son service, tout prêts à le défendre contre les attaques de certains bédouins pillards qui pourraient par hasard se présenter.

Aujourd'hui cette supposition fait sourire les voyageurs, rassurés d'avance à cet égard ; mais au siècle dernier, ils se trouvaient réellement mis à la contribution par une bande de faux brigands, qui, après les avoir effrayés et dépouillés, rendaient les armes à la tribu protectrice, laquelle touchait ensuite une forte récompense pour les périls et les blessures d'un simulacre de combat.

On m'a donné quatre hommes pour me guider et me soutenir pendant mon ascension. Je ne comprenais pas trop d'abord comment il était possible de gravir des marches dont la première seule m'arrivait à la hauteur de la poitrine. Mais en un clin d'œil deux des Arabes s'étaient élancés sur cette assise gigantesque, et m'avaient saisi chacun un bras. Les deux autres me poussaient sous les épaules, et tous les quatre, à chaque mouvement de cette manœuvre, chantaient à l'unisson le verset arabe terminé par ce refrain antique : *Eleyson !*

Je comptai ainsi deux cent sept marches et il ne fallut guère plus d'un quart d'heure pour atteindre la plate-forme. Si l'on s'arrête un instant pour reprendre haleine, on voit venir devant soi des petites filles, à peine couvertes d'une chemise de toile bleue, qui de la marche supérieure à celle que vous gravissez tendent, à la hauteur de votre bouche, des gargoulettes en terre de Thèbes, dont l'eau glacée vous rafraîchit pour un instant.

Rien n'est plus fantasque que ces jeunes Bédouines grimpant comme des singes avec leurs petits pieds nus, qui connaissent toutes les anfractuosités des énormes pierres superposées. Arrivé à la plate-forme, on leur donne un *bakchis*, on les embrasse, puis l'on se sent soulevé par les bras de quatre Arabes qui vous portent en triomphe aux quatre points de l'horizon. La surface de cette pyramide est de 250 mètres carrés environ. Des blocs irréguliers indiquent qu'elle ne s'est formée que par la destruction d'une pointe, semblable sans doute à celle de la seconde pyramide, qui s'est conservée intacte et que l'on admire à peu de distance avec son revêtement de granit. Les trois pyramides, de Chéops, de Chéphrem et de Mycérinus, étaient également parées de cette enveloppe rougeâtre, qu'on voyait encore au temps d'Hérodote. Elles en ont été dégarnies peu à peu, lorsqu'on a eu besoin au Caire de construire les palais des califes et des soudans.

La vue est fort belle, comme on peut le penser, du haut de cette plate-forme. Le Nil s'étend à l'Orient depuis la pointe du Delta jusqu'au delà de Saccarah, où l'on distingue onze pyramides plus petites que celles de Gizeh. A l'Occident, la chaîne des montagnes lybiques se développe en marquant les ondulations d'un horizon poudreux. La forêt de palmiers, qui occupe la place de l'ancienne Memphis, s'étend du côté du midi comme une ombre verdâtre. Le Caire, adossé à la chaîne aride du Mokattam, élève ses dômes et ses minarets à l'entrée du désert de Syrie. Tout cela est trop connu pour prêter longtemps à la description. Mais, en faisant trêve à l'admiration et en parcourant des yeux les pierres de la plate-forme, on y trouve de quoi compenser les excès de l'enthousiasme. Tous les Anglais qui ont risqué cette ascension ont naturellement inscrit leurs noms sur les pierres. Des spéculateurs ont eu l'idée de donner leur adresse au public, et un marchand de cirage de Piccadilly a même fait graver avec soin sur un bloc entier les mérites de sa découverte garantie par l'*improved patent* de London. Il est inutile de dire qu'on rencontre là le *Crédeville voleur*, si passé de mode aujourd'hui, la charge de Bouginier, et autres excentricités transplantées par nos artistes voyageurs comme un contraste à la monotonie des grands souvenirs.

III.

Je te demande encore une fois pardon de t'entretenir d'une chose si connue que les Pyramides. Du reste, le peu que je t'en apprends a échappé à l'observation de la plupart des savants illustres qui, depuis Maillet, consul de Louis XIV, ont gravi cette échelle héroïque, dont le sommet m'a servi un instant de piédestal.

J'ai peur de devoir admettre que Napoléon lui-même n'a vu les Pyramides que d'en bas. Il n'aurait pas, certes, compromis sa dignité jusqu'à se laisser enlever dans les bras de quatre Arabes, comme un simple ballot qui passe de mains en mains, et il se sera borné à répondre d'en bas, par un salut, aux *quarante siècles* qui, d'après son calcul, le contemplaient à la tête de notre glorieuse armée.

Après avoir parcouru des yeux tout le panorama environnant, et lu attentivement ces inscriptions modernes qui prépareront des tortures aux savants de l'avenir, je me préparais à redescendre, lorsqu'un *monsieur* blond, d'une belle taille, haut en couleur et parfaitement ganté, franchit, comme je l'avais fait peu de temps avant lui, la dernière marche du quadruple escalier, et m'adressa un salut fort compassé, que je méritais en qualité de premier occupant. Je le pris pour un gentleman anglais. Quant à lui, il me reconnut pour Français tout de suite.

Je me repentis aussitôt de l'avoir jugé légèrement. Un Anglais ne m'aurait pas salué, attendu qu'il ne se trouvait sur la plate-forme de la pyramide de Chéops personne qui pût nous présenter l'un à l'autre :

— Monsieur, me dit l'inconnu avec un accent légèrement germanique, je suis heureux de trouver ici quelqu'un de civilisé. Je suis simplement un officier aux gardes de S. M. le roi de Prusse. J'ai obtenu un congé pour aller rejoindre l'expédition de M. Lepsius, et comme elle a passé ici de-

puis quelques semaines, je suis obligé de me mettre au courant... en visitant ce qu'elle a dû voir. »
Ayant terminé ce discours, il me remit sa carte, en m'invitant à l'aller voir, si jamais je passais à Postdam.

— Mais, ajouta-t-il voyant que je me préparais à redescendre, vous savez que l'usage est de faire ici une collation. Ces braves gens qui nous entourent s'attendent à partager nos modestes provisions... et, si vous avez appétit, je vous offrirai votre part d'un pâté dont un de mes Arabes s'est chargé.

En voyage, on fait vite connaissance, et, en Egypte surtout, au sommet de la grande pyramide, tout Européen devient, pour un autre, un *franck*, c'est-à-dire un compatriote ; la carte géographique de notre petite Europe perd, de si loin, ses nuances tranchées.... je fais toujours une exception pour les Anglais, qui séjournent dans une île à part.

La conversation du Prussien me plut beaucoup pendant le repas. Il avait sur lui des lettres donnant les nouvelles les plus fraîches de l'expédition de M. Lepsius qui, dans ce moment là, explorait les environs du lac Mœris et les cités souterraines de l'ancien labyrinthe. Les savants berlinois avaient découvert des villes entières cachées sous les sables et bâties de briques ; des *Pompei* et des *Hercula- num* souterraines qui n'avaient jamais vu la lumière, et qui remontaient peut-être à l'époque des troglodytes. Je ne pus m'empêcher de reconnaître que c'était pour des érudits prussiens une noble ambition que d'avoir voulu marcher sur les traces de notre Institut d'Egypte, dont ils ne pourront, du reste, que compléter les admirables travaux.

Le repas sur la pyramide de Chéops est, en effet, forcé pour les touristes, comme celui qui se fait d'ordinaire sur le chapiteau de la colonne de Pompée à Alexandrie. J'étais heureux de rencontrer un compagnon instruit et aimable qui me l'eût rappelé. Les petites Bédouines avaient conservé assez d'eau, dans leurs cruches de terre poreuse, pour nous permettre de nous rafraîchir, et ensuite de faire des grogs au moyen d'un flacon d'eau-de-vie qu'un des Arabes portait à la suite du Prussien.

Cependant, le soleil était devenu trop ardent pour que nous pussions rester longtemps sur la plate-forme. L'air pur et vivifiant que l'on respire à cette hauteur, nous avait permis quelque temps de ne point trop nous en apercevoir.

Il s'agissait de quitter la plate-forme et de pénétrer dans la pyramide, dont l'entrée se trouve à un tiers environ de sa hauteur. On nous fit descendre 130 marches par un procédé inverse à celui qui nous les avait fait gravir. Deux des quatre Arabes nous suspendaient par les épaules du haut de chaque assise, et nous livraient aux bras étendus de leurs compagnons. Il y a quelque chose d'assez dangereux dans cette descente, et plus d'un voyageur s'y est rompu le crâne ou les membres. Cependant, nous arrivâmes sans accident à l'entrée de la pyramide.

C'est une sorte de grotte aux parois de marbre, à la voute triangulaire, surmontée d'une large pierre qui constate, au moyen d'une inscription française, l'ancienne arrivée de nos soldats dans ce monument : c'est la carte de visite de l'armée d'Egypte, sculptée sur un bloc de marbre de seize pieds de largeur. Pendant que je la lisais avec respect, l'officier prussien me fit observer une autre légende marquée plus bas en hiéroglyphes, et, chose étrange, tout fraîchement gravée.

Il savait le sens de ces hiéroglyphes modernes inscrits d'après le système de la grammaire de Champollion. « Cela signifie, me dit-il, que l'expédition scientifique envoyée par le roi de Prusse et dirigée par Lepsius, a visité les pyramides de Gizeh, et espère résoudre avec le même bonheur les autres difficultés de sa mission. »

Nous avions franchi l'entrée de la grotte : une vingtaine d'Arabes barbus, aux ceintures hérissées de pistolets et de poignards, se dressèrent du sol où ils venaient de faire leur sieste. Un de nos conducteurs, qui semblait diriger les autres, nous dit :

— Voyez comme ils sont terribles... Regardez leurs pistolets et leurs fusils !

— Est-ce qu'ils veulent nous voler ?

— Au contraire ! Ils sont ici pour vous défendre dans le cas où vous seriez attaqués par les hordes du désert.

— On disait qu'il n'en existait plus, depuis l'administration de Mohamed-Ali !

— Oh ! il y encore bien des méchantes gens, là-bas, derrière les montagnes.... Cependant, au moyen d'une *colonnate*, vous obtiendrez des braves que vous voyez là d'être défendus contre toute attaque extérieure.

L'officier prussien fit l'inspection des armes, et ne parut pas édifié touchant leur puissance destructive. Il ne s'agissait au fond, pour moi, que de 5 fr. 50 c., ou d'un thaler et demi pour le Prussien.

Nous acceptâmes le marché, en partageant les frais et en faisant observer que nous n'étions pas dupes de la supposition.

— Il arrive souvent, dit le guide, que des tribus ennemies font invasion sur ce point, surtout quand elles y soupçonnent la présence de riches étrangers.

Il est certain que la chose n'est pas impossible et que ce serait une triste situation que de se voir pris et enfermé dans l'intérieur de la grande pyramide. La *colonnate* (piastre d'Espagne) donnée aux gardiens nous assurait du moins qu'en conscience ils ne pourraient nous faire cette trop facile plaisanterie.

Mais quelle apparence que ces braves gens y eussent songé même un instant! L'activité de leurs préparatifs, huit torches allumées en un clin-d'œil, l'attention charmante de nous faire précéder de nouveau par les petites filles *hydrophores* dont j'ai parlé, tout cela, sans doute, était bien rassurant.

Il s'agissait d'abord de courber la tête et le dos, et de poser les pieds adroitement sur deux rainures de marbre qui règnent des deux côtés de cette descente. Entre les deux rainures, il y a une sorte d'abîme aussi large que l'écartement des jambes, et où il s'agit de ne point se laisser tomber. On avance donc pas à pas, jetant les pieds de son mieux à droite et à gauche, soutenu un peu, il est vrai, par les mains des porteurs de torches, et l'on descend ainsi toujours courbé en deux pendant environ cent cinquante pas.

A partir de là, le danger de tomber dans l'énorme fissure qu'on se voyait entre les pieds cesse tout-à-coup et se trouve remplacé par l'inconvénient de passer à plat-ventre sous une voûte obstruée en partie par les sables et les cendres. Les Arabes ne nettoient ce passage que moyennant une autre *colonnate*, — accordée d'ordinaire par les gens riches et corpulents.

Quand on a rampé quelque temps sous cette voûte basse, en s'aidant des mains et des genoux, on se relève, à l'entrée d'une nouvelle galerie, qui n'est guère plus haute que la précédente. Au bout de deux cents pas que l'on fait encore en montant, on trouve une sorte de carrefour dont le centre est un vaste puits profond et sombre, autour duquel il faut tourner pour gagner l'escalier qui conduit à la *chambre du Roi*.

En arrivant là, les Arabes tirent des coups de pistolets et allument des feux de branchages pour effrayer, à ce qu'ils disent, les chauves-souris et les serpents. La salle où l'on est, voûtée en dos d'âne, a dix-sept pieds de longueur et seize de largeur.

En revenant de notre exploration, assez peu satisfaisante, nous dûmes nous reposer à l'entrée de la grotte de marbre, — et nous nous demandions ce que pouvait signifier cette galerie bizarre que nous venions de remonter, avec ses deux rails de marbre séparés par un abîme, aboutissant plus loin à un carrefour au milieu duquel se trouve le puits mystérieux, dont nous n'avions pu voir le fond.

L'officier prussien, en consultant ses souvenirs, me soumit une explication assez logique de la destination d'un tel monument. Nul n'est plus fort qu'un Allemand sur les mystères de l'Antiquité. Voici, selon sa version, à quoi servait la galerie basse ornée de rails que nous avions descendue et remontée si péniblement. — On asseyait dans un chariot l'homme qui se présentait pour subir les épreuves de l'initiation. Le chariot descendait par la forte inclinaison du chemin. Arrivé au centre de la pyramide, l'initié était reçu par des prêtres inférieurs qui lui montraient le puits en l'engageant à s'y précipiter.

Le néophyte hésitait naturellement, ce qui était regardé comme une marque de prudence. Alors on lui apportait une sorte de casque surmonté d'une lampe allumée; et, muni de cet appareil, il devait descendre avec précaution dans le puits, où il rencontrait çà et là des branches de fer sur lesquelles il pouvait poser les pieds.

L'initié descendait longtemps, éclairé quelque peu par la lampe qu'il portait sur la tête; puis, à cent pieds environ de profondeur, il rencontrait l'entrée d'une galerie fermée par une grille, qui s'ouvrait aussitôt devant lui. Trois hommes paraissaient aussitôt, portant des masques de bronze à l'imitation de la face d'Anubis, le dieu chien. Il fallait ne point s'effrayer de leurs menaces et marcher en avant en les jetant à terre. On faisait ensuite une lieue environ, et l'on arrivait dans un espace considérable qui produisait l'effet d'une forêt sombre et touffue.

Dès que l'on mettait le pied dans l'allée principale, tout s'illuminait à l'instant, et produisait l'effet d'un vaste incendie. Mais ce n'était rien que des pièces d'artifice et des substances bitumineuses entrelacées dans des rameaux de fer. Le néophyte devait traverser la forêt, au prix de quelques brûlures, et y parvenait généralement.

Au-delà se trouvait une rivière qu'il fallait traverser à la nage. A peine en avait-il atteint le milieu, qu'une immense agitation des eaux, déterminée par le mouvement de deux roues gigantesques l'arrêtait et le repoussait. Au moment où ses forces allaient s'épuiser, il voyait paraître devant lui une échelle de fer qui semblait devoir le tirer du danger de périr dans l'eau. Ceci était la troisième épreuve. A mesure que l'initié posait un pied sur chaque échelon, celui qu'il venait de quitter se détachait et tombait dans le fleuve. Cette situation pénible se compliquait d'un vent épouvantable qui faisait trembler l'échelle et le patient à la fois. Au moment où il allait perdre toutes ses forces, il devait avoir la présence d'esprit de saisir deux anneaux d'acier qui descendaient vers lui et auxquels il lui fallait rester suspendu par les bras jusqu'à ce qu'il vît s'ouvrir une porte, à laquelle il arrivait par un effort violent.

C'était la fin des quatre épreuves élémentaires. l'initié arrivait alors dans le temple, tournait autour de la statue d'Isis, et se voyait reçu et félicité par les prêtres.

IV.

Voilà avec quels souvenirs nous cherchions à repeupler cette solitude imposante. Entourés des Arabes qui s'étaient remis à dormir, en attendant, pour quitter la grotte de marbre, que la brise du soir eût rafraîchi l'air, nous ajoutions les hypothèses les plus diverses aux faits réellement constatés par la tradition antique. Ces bizarres cérémonies des initiations tant de fois décrites par les auteurs grecs, qui ont pu encore les voir s'accomplir, prenaient pour nous un grand intérêt, les récits se trouvant parfaitement en rapport avec la disposition des lieux.

— Qu'il serait beau, dis-je à l'Allemand, d'exécuter et de représenter ici la *Flûte enchantée* de Mozart. Comment un homme riche n'a-t-il pas la fantaisie de se donner un tel spectacle. Avec fort peu d'argent on arriverait à déblayer tous ces conduits, et il suffirait ensuite d'amener, en costumes exacts toute la troupe italienne du théâtre du Caire. Imaginez-vous la voix tonnante de Zarastro résonnant du fond de la salle des Pharaons, ou la *Reine de la Nuit* apparaissant sur le seuil de la chambre dite de la reine et lançant à la voûte sombre ses trilles éblouissants. Figurez-vous les sons de la flûte magique à travers ces longs corridors, et les grimaces et l'effroi de *Papayeno*, forcé, sur les pas de l'initié son maître, d'affronter le triple Anubis, puis la forêt incendiée, puis ce sombre canal agité par des roues de fer, puis encore cette échelle étrange dont chaque marche se détache à mesure qu'on monte et fait retentir l'eau d'un clapotement sinistre....

— Il serait difficile, dit l'officier, d'exécuter tout cela dans l'intérieur même des Pyramides. Nous avons dit que l'initié suivait, à partir du puits, une galerie d'environ une lieue. Cette voie souterraine le conduisait jusqu'à un temple situé aux portes de Memphis, dont vous avez vu l'emplacement du haut de la plate-forme. Lorsque, ses épreuves terminées, il revoyait la lumière du jour, la statue d'Isis restait encore voilée pour lui : c'est qu'il lui fallait subir une dernière épreuve toute morale, dont rien ne l'avertissait et dont le but lui restait caché. Les prêtres l'avaient porté en triomphe, comme devenu l'un d'entre eux, les chœurs et les instruments avaient célébré sa victoire. Il lui fallait encore se purifier par un jeûne de quarante et un jours, avant de pouvoir contempler la grande Déesse, veuve d'Osiris. Ce jeûne cessait chaque jour au coucher du soleil, où on lui permettait de réparer ses forces avec quelques onces de pain et une coupe d'eau du Nil. Pendant cette longue pénitence, l'initié pouvait converser, à de certaines heures, avec les prêtres et les prêtresses, dont toute la vie s'écoulait dans les cités souterraines. Il avait le droit de questionner chacun et d'observer les mœurs de ce peuple mystique qui avait renoncé au monde extérieur, et dont le nombre immense épouvanta Sémiramis-la-Victorieuse, lorsqu'en faisant jeter les fondations de la Babylone d'Egypte (le vieux Caire), elle vit s'effondrer les voûtes d'une de ces nécropoles habitées par des vivants.

—Et après les quarante et un jours, que devenait l'initié?

—Il avait encore à subir dix-huit jours de retraite où il devait garder un silence complet. Il lui était permis seulement de lire et d'écrire. Ensuite on lui faisait subir un examen où toutes les actions de sa vie étaient analysées et critiquées. Cela durait encore douze jours; puis on le faisait coucher neuf jours encore derrière la statue d'Isis, après avoir supplié la déesse de lui apparaître dans ses songes et de lui inspirer la sagesse. Enfin, au bout de trois mois environ, les épreuves étaient terminées. L'aspiration du néophyte vers la divinité, aidée des lectures, des instructions et du jeûne, arrivait à un tel degré d'enthousiasme qu'il était digne enfin de voir tomber devant lui les voiles sacrés de la déesse. Là, son étonnement était au comble en voyant s'animer cette froide statue dont les traits avaient pris tout-à-coup la ressemblance de la femme qu'il aimait le plus ou de l'idéal qu'il s'était formé de la beauté la plus parfaite.

Au moment où il tendait les bras pour la saisir, elle s'évanouissait dans un nuage de parfums. Les prêtres entraient en grande pompe et l'initié était proclamé pareil aux dieux. Prenant place ensuite au banquet des Sages, il lui était permis de goûter aux mets les plus délicats et de s'enivrer de l'ambroisie terrestre, qui ne manquait pas à ces fêtes. Un seul regret lui était resté, c'était de n'avoir admiré qu'un instant la divine apparition qui avait daigné lui sourire... Ses rêves allaient la lui rendre. Un long sommeil, dû sans doute au suc du lotus exprimé dans sa coupe pendant le festin, permettait aux prêtres de le transporter à quelques lieues de Memphis, au bord du lac célèbre qui porte encore le nom de Karoun (Caron). Une cange le recevait toujours endormi et le transportait dans cette province du Fayoum, oasis délicieuse, qui, aujourd'hui encore, est le pays des roses. Il existait là une vallée profonde, entourée de montagnes en partie, en partie aussi séparée du reste du pays par des abîmes creusés de mains d'homme, où les prêtres avaient su réunir les richesses dispersées de la nature entière. Les arbres de l'Inde et de l'Yémen y mariaient leurs feuillages touffus et leurs fleurs étranges aux plus riches végétations de la terre d'Egypte.

Des animaux apprivoisés donnaient de la vie à cette merveilleuse décoration, et l'initié, déposé là tout endormi sur le gazon, se trouvait à son réveil dans un monde qui semblait la perfection même de la nature créée. Il se levait, respirant l'air pur du matin, renaissant aux feux du soleil qu'il n'avait pas vu depuis longtemps, il écoutait le chant cadencé des oiseaux, admirait les fleurs embaumées, la surface calme des eaux bordées de papyrus et constellées de lotus rouges, où le Flamand rose et l'Ibis traçaient leurs courbes gracieuses... Mais quelque chose manquait encore pour animer la solitude. Une femme, une vierge innocente, si jeune, qu'elle semblait elle même sortir d'un rêve matinal et pur, si belle, qu'en la regardant de plus près, on pouvait reconnaître en elle les traits admirables d'Isis entrevus à travers un nuage : telle était la créature divine qui devenait la compagne et la récompense de l'initié triomphant.

Ici je crus devoir interrompre le récit imagé du savant Berlinois :

— Il me semble, lui dis-je, que vous me racontez là l'histoire d'Adam et d'Eve.

— A peu près, répondit-il.

En effet, la dernière épreuve, si charmante, mais si imprévue, de l'initiation égyptienne, était la même que Moïse a racontée aux chapitres de la Genèse. Dans ce jardin merveilleux, existait un certain arbre dont les fruits étaient défendus au néophyte admis dans le Paradis. Il est tellement certain que cette dernière victoire sur soi-même était la clause de l'initiation, qu'on a trouvé dans la Haute-Egypte des bas-reliefs âgés de 4,000 ans, représentant un homme et une femme, sous un arbre,—dont cette dernière offre le fruit à son compagnon de solitude. Autour de l'arbre est enlacé un serpent, représentation de Typhon, le dieu du mal. En effet, il arrivait généralement que l'initié qui avait vaincu tous les périls matériels, se laissait prendre à cette séduction, dont le dénoûment était son exclusion du Paradis terrestre. Sa punition devait être alors d'errer dans le monde, et de répandre chez les nations étrangères les instructions qu'il avait reçues des prêtres.

S'il résistait, au contraire, ce qui était bien rare, à la dernière tentation, il devenait l'égal d'un roi. On le promenait en triomphe dans les rues de Memphis, et sa personne était sacrée.

C'est pour avoir manqué cette épreuve que Moïse fut privé des honneurs qu'il attendait. Blessé de ce résultat, il se mit en guerre ouverte avec les prêtres égyptiens, lutta contre eux de science et de prodiges, et finit par délivrer son peuple au moyen d'un complot, dont on sait le résultat.

Le Prussien qui me racontait tout cela était évidemment un fils de Voltaire... cet homme en était encore au scepticisme religieux de Frédéric II. Je ne pus m'empêcher de lui en faire l'observation.

— Vous vous trompez, me dit-il : nous autres protestants, nous analysons tout ; mais nous n'en sommes pas moins religieux. S'il paraît démontré que l'idée du Paradis terrestre, de la pomme et du serpent, a été connue des anciens Egyptiens, cela ne prouve nullement que la tradition n'en soit pas divine. Je suis même disposé à croire que cette dernière épreuve des mystères n'était qu'une représentation mystique de la scène qui a dû se passer aux premiers jours du monde. Que Moïse ait appris cela des Egyptiens dépositaires de la sagesse primitive, ou qu'il se soit servi, en écrivant la *Genèse*, des impressions qu'il avait lui-même connues, cela n'infirme pas la vérité première. Triptolème, Orphée et Pythagore subirent aussi les mêmes épreuves. L'un a fondé les mystères d'Eleusis, l'autre ceux des Cabires de Samotrace, le troisième les associations mystiques du Liban.

Orphée eut encore moins de succès que Moïse ; il manqua la quatrième épreuve, dans laquelle il fallait avoir la présence d'esprit de saisir les anneaux suspendus au-dessus de soi, quand les échelons de fer commençaient à manquer sous les pieds... Il retomba dans le canal, d'où on le tira avec peine, et au lieu de parvenir au temple, il lui fallut retourner en arrière et remonter jusqu'à la sortie des pyramides. Pendant l'épreuve, sa femme lui avait été enlevée par un de ces accidents naturels dont les prêtres créaient aisément l'apparence. Il obtint, grâce à son talent et à sa renommée, de recommencer les épreuves, et les manqua une seconde fois. C'est ainsi qu'Euridice fut perdue à jamais pour lui, et qu'il se vit réduit à la pleurer dans l'exil.

— Avec ce système, dis-je, il est possible d'expliquer matériellement toutes les religions. Mais qu'y gagnerons-nous?

— Rien. Nous venons seulement de passer deux heures en causant d'origines et d'histoire. Maintenant le soir vient, il s'agit de chercher un gîte.

Nous passâmes la nuit dans une *locanda* italienne, située près de là, et le lendemain on nous conduisit sur l'emplacement de Memphis, situé à près de deux lieues vers le midi. Les ruines y sont méconnaissables; et d'ailleurs le tout est recouvert par une forêt de palmiers, au milieu de laquelle on rencontre l'immense statue de Sésostris, haute de soixante pieds, mais couchée à plat ventre dans le sable. Parlerai-je encore de Saccarah, où l'on arrive ensuite; de ses pyramides, plus petites que celles de Gizeh, parmi lesquelles on distingue la grande pyramide de briques construites par les Hébreux? Un spectacle plus curieux est l'intérieur des tombeaux d'animaux qui se rencontrent dans la plaine en grand nombre. Il y en a pour les chats, pour les crocodiles et pour les ibis. On y pénètre fort difficilement, en respirant la cendre et la poussière, ou se traînant parfois dans des conduits, où l'on ne peut passer qu'à genoux. Puis, on se trouve au milieu de vastes souterrains où sont entassés par millions et symétriquement rangés tous ces animaux que les bons Egyptiens se donnaient la peine d'embaumer et d'ensevelir ainsi que des hommes. Chaque momie de chat est entortillée de plusieurs aunes de bandelettes, sur lesquelles, d'un bout à l'autre, sont inscrites en hiéroglyphes, probablement la vie et les vertus de l'animal. Il en est de même des crocodiles... Quant aux ibis, leurs restes sont enfermés dans des vases en terre de Thèbes, rangés également sur une étendue incalculable, comme des pots de confitures dans un office de campagne.

Je pus remplir facilement la commission que m'avait donnée le consul. Puis, je me séparai de l'officier prussien, qui continuait sa route vers la Haute-Égypte, et je revins au Caire, en descendant le Nil dans une cange.

Je me hâtai d'aller porter au consulat l'ibis obtenu au prix de tant de fatigues ; mais on m'apprit que pendant les trois jours consacrés à mon exploration, notre pauvre consul avait senti s'aggraver son mal et s'était embarqué pour Alexandrie.

Si je parle ici de ces évènements éloignés déjà, c'est que je viens de recevoir à Constantinople la triste nouvelle de sa mort.

Et c'est au milieu du cimetière de Galata, devant l'éblouissant tableau de Constantinople et de Scutari, qui bordent sous mes yeux la côte d'Europe et la côte d'Asie, que je pense tristement à cette fin si prématurée, à cet homme, dont les derniers entretiens m'avaient révélé tant de science modeste, et tant d'affabilité, précieuse au voyageur sur cette terre arabe... où l'on n'a qu'à choisir entre des tombes et des ruines.

NOTE DE L'ÉPILOGUE.

Tous les détails de ce voyage sont exacts ; sur certains points toutefois il a fallu grouper les évènements pour éviter les longueurs.

L'auteur a appris depuis quelques mois que l'esclave javanaise s'était enfuie de la maison où il l'avait placée. Le fanatisme religieux n'y a pas été étranger sans doute.

Quant à son sort actuel, auquel s'était intéressé M. B***, notre consul, il semble fixé heureusement, d'après ce *Post-Scriptum* trop laconique d'une lettre adressée à l'auteur par Camille Rogier, le peintre, qui parcourt la Syrie : « La *femme jaune* est à Damas, mariée à un Turc ; elle a deux enfants. »

FIN.

www.ingramcontent.com/pod-product-compliance
Lightning Source LLC
Chambersburg PA
CBHW060640170426
43199CB00012B/1620